高校德育成果文库

GaoXiao DeYu
ChengGuo WenKu

青春在公共服务中绽放

主　编　耿　睿
副主编　李纪琛　魏海龙　程思亮

光明日报出版社

图书在版编目（CIP）数据

青春在公共服务中绽放 / 耿睿主编. -- 北京：光明日报出版社，2023.6

ISBN 978-7-5194-7313-6

Ⅰ．①青… Ⅱ．①耿… Ⅲ．①清华大学—毕业生—先进事迹 Ⅳ．①K828.4

中国国家版本馆 CIP 数据核字（2023）第 114479 号

青春在公共服务中绽放
QINGCHUN ZAI GONGGONG FUWU ZHONG ZHANFANG

主　　编：耿　睿

责任编辑：杜春荣　　　　　　　　　责任校对：房　蓉　乔宇佳
封面设计：中联华文　　　　　　　　责任印制：曹　净

出版发行：光明日报出版社

地　　址：北京市西城区永安路 106 号，100050

电　　话：010－63169890（咨询），010－63131930（邮购）

传　　真：010－63131930

网　　址：http：// book. gmw. cn

E－mail：gmrbcbs@ gmw. cn

法律顾问：北京市兰台律师事务所龚柳方律师

印　　刷：三河市华东印刷有限公司

装　　订：三河市华东印刷有限公司

本书如有破损、缺页、装订错误，请与本社联系调换，电话：010－63131930

开　　本：170mm×240mm

字　　数：174 千字　　　　　　　　印　　张：11

版　　次：2023 年 6 月第 1 版　　　　印　　次：2023 年 6 月第 1 次印刷

书　　号：ISBN 978-7-5194-7313-6

定　　价：85.00 元

编委会名单

主　编：耿　睿

副主编：李纪琛　魏海龙　程思亮

编　委：（按姓氏笔画排序）

马　昕　马　鹏　吕淑敏　张立榕

孟　杰　郭　栩　雷逸飞

序一

寄语"唐仲英计划"：到公共部门工作的境界与修为

史宗恺 [①]

清华大学学生领导力"唐仲英计划"的建立，我认为它的一个根本出发点，是希望计划内的学员能够为全校的同学做出一种示范：你们能够独立地去面对社会，去发现社会当中仍然存在的问题，并且将来有机会尝试着去解决这些问题。我希望你们能够率先做出尝试，把所学的知识和对社会的实践结合起来，融会贯通。

各位同学，当你们讨论将来要肩负这样一种责任时，你们会发现遇到的问题可能比之前的前辈还要复杂。社会发展到今天这一阶段，利益的矛盾和冲突，是中国历史上可能少有的尖锐、激烈，我们怎么办？所以最重要的是希望你们有这样的机会去做一些尝试，尝试着去深入社会，尝试着在了解社会的基础上建立个人的抱负和理想。并且让这个抱负和理想，在你们离开清华之后，能够继续支撑着你们往前走，能够伴随你们的一生。

在社会现实面前，你们的理想可能会倍受打击，常常会觉得很沮丧。你们能不能撑住？有些同学就放弃了，但有些同学坚持下去了，然后他能够走到终点。所以我认为唐氏计划的核心是，给你们创造了一些条件让你们尝试

[①] 史宗恺为清华大学校务委员会副主任、校友总会副会长。全文摘自史宗恺2012年3月24日在"唐仲英计划"一期开班仪式上的讲话、2016年4月24日在"唐仲英计划"年会上的讲话、2016年11月为赵江涛所著《南疆住村笔记》所作的序、2016年12月6日在河北省人才引进宣讲会上的讲话，编入时有删减，题目为编者所加。

着去做，并且你们不是一个人做，你们要带着一群人做。不是参加"唐仲英计划"的同学自身成为一体，而是你们回到各自的班级，回到各自的团队当中去，甚至在与你们组队的同学当中，还有其他学校的同学。你能够带领大家或者说你参与到某一个团队当中去起到骨干作用，都是我们这个计划所意图达到的。

"唐仲英计划"不是精英的培养，它是一种意识的培养。希望通过这种意识的培养，你们能够为其他同学做出一种示范。希望你们有这样的一种勇气，有这样的精神去尝试。当你们聚在一起的时候，当你们毕业回来再交流的时候，大家能够把心路历程拿出来分享，这种分享能够给所有的同学以进一步的鼓励。我相信在这样一个团队当中，会充分发扬理想的精神，并且这种理想的精神，会因为你们去到社会上面而带给所有的人。那样的话，我想唐仲英先生作为这个计划的捐赠者，会非常高兴。作为参与这个项目的导师，我们会非常欣慰。20年之后，我们会看到这些项目所取得的成果。

各位同学如果将来有一天去走从政这条路，要下基层，要去公共部门工作，大家到底是去谋什么，去求什么？我想大概会有三层的概念。

最低一层是去谋官。因为，在通常的社会中，还是以官阶作为标准去衡量成功程度。我觉得这也是我们在很大程度上接受的一个原则。但如果仅仅是谋官的话，仅仅是让你个人过得好，我想清华不会花这么大力气来做这件事儿。

第二层是谋事。因为你有机会去做官，有机会主政一方，也就有机会能够造福一方。主政一方，让一方的老百姓能够有更好的、更幸福的生活，会青史留名。谋官和谋事是有逻辑次序的，很多人到地方工作的时候，主要的目标是谋官，而谋事成为他谋官的手段，这就本末倒置了。我希望参加"唐仲英计划"的同学有机会去做的时候，谋官是手段，谋事是目标。因为谋事真正可以让更多的人过上更幸福、更美好的生活。如果你把谋事变成了政绩用来谋官的话，我觉得你会出大问题。其实很多人去谋官是为了让自己有更多的利益，然后用谋事来做手段，看上去也让老百姓受益，但是必然不能够长久。我希望有更多的同学去谋事，推动当今这个社会不断前进，不断解决具体问题。

第三层是谋思想。大家也看到，中国目前正处在几千年来最剧烈的变革时期，这个变革时期在我来看，甚至会超过战国时期。中国共产党最重要的一个经验，就是能够基于对当今社会的深刻准确的把握来判断未来。中国历史上成功的那些人，他们很重要的一点，也是能够判断未来。谁能够基于对中国当今社会的深刻认识和理解，判断中国的未来走向，谁能够谋思想，这个思想能够指导或者指出中国未来方向，能够指出未来中国五十年、一百年、一千年的方向，谁就能够做更长远的事情。

谋官、谋事、谋思想，对参加"唐仲英计划"的各位同学来说，心里要做一个分析，要做一个判断。

我一直认为，对于那些在基层工作的清华同学而言，除了具备优秀的政治以及道德操守等个人品质之外，还要有三个方面的素质。

第一，要能够全面系统地学习和认识中国的历史，深刻地了解中华文明五千年以来形成的政治、文化等传统中各个方面的特征。有了对中国历史的全面系统的了解，才有可能建立起对自身文明的共识，才可以建立起对自身文明的信心。

第二，要能够对当今的现实中国社会有深刻的理解。当下的中国正处于一个伟大的变革时代，成果卓然，矛盾问题也十分突出。你们在基层工作，不仅会看到这些年来所取得的成就，也会看到各种矛盾问题以及利益冲突。而找到解决这些问题的思路和办法，提出可实施的具体举措，并最终解决问题，是你们承担的重要任务。要完成这个任务，深入了解现实社会的各个方面，做好调查研究，厘清问题，是前提条件。毛泽东的农村调查，费孝通先生的《江村经济》等，都是极好的学习榜样。江涛的住村笔记，是很有代表性的，它反映了一批同学在深刻全面认识当今中国现实社会方面所做的工作，从中可以看到，他们是怎样行走在中国大地、深入了解认识今日的中国现实社会的，并在这个过程中，融入其中，成为这个伟大变革的参与者、实践者和贡献者。

第三，要能够基于对其他文明和文化的理解认识，推动我们自身的文明与其他文明对话，互相学习借鉴、交流融合。中华文明在其发展的过程中，学习和借鉴了同时期各类文明的有益内容。而如今，我们身处在一个多元文化的社会，文明与文明之间各个层面的互相影响超过以往任何一个时代。在我们所处的自身文明环境中，无论是城市日常生活的细微之处，还是在偏远的乡村，都可以看到其他文明元素的影子。学习和借鉴其他文明，并将其有益部分融入自身文明，在当今的全球化国际化时代，有着更重要的意义。同时，还要学会与其他文明和文化和平相处，互相包容。

在六七年前，我和一批选调生同学交流的时候说过一段话，那个时候也有着一批和你们一样的同学，他们怀着抱负、憧憬和希望，但是我说，我要给你们泼四瓢冷水，外加一个警告。

第一瓢冷水，招聘的时候场面很热烈，当你毕业去到当地工作的时候仍然还会有十分热烈的场面和欢迎会，但是很快你就会复归于平常，不再会有清华的光环。你也不再会有选调生的光环，你只会是众多的基层公务员中普通的一员。所以回归平常，你们能否承受得住？

第二瓢冷水，你们各自都怀着远大的抱负，但实际上在很长的时间里面所做的都会是琐碎的工作——天天写报告，天天处理一些非常琐碎而平常的事情，油盐酱醋茶的事情。所以，在很长一段时间里面，你会没有任何的成就感，你是否能够忍得住？

第三瓢冷水，当你怀着满心的理想到现实社会中去的时候，你会发现你的理想备受打击，有的时候你会撞得头破血流。在那个时候，你是否能够承受得住？

第四瓢冷水，对于清华的同学特别是那些工科或理科的同学而言，你们在一些行业会得到很丰厚的收入，目前清华毕业生的就业竞争力和薪酬排序都很靠前。但是你今天选择成为选调生，那么在很长的一段时间里，你过得可能是相对比较清苦的生活，你扛得住吗？

这是四瓢冷水，再给大家一个警告，其实不少地方的政策非常好，很多硕士同学在一年之后就可以承担乡镇或街道实职副职的工作。但是当你开始有了一些权力之后，你会发现你面临一堆的诱惑，你是否能禁得住？

所以，我希望各位同学能够记住我说的这四瓢冷水和一个警告。

序二

坚定选择、提升能力、改进作风

过勇[①]

我们知道学生领导力"唐仲英计划"名称当中有三个关键词。

第一个关键词是"唐仲英"。唐仲英先生在年轻的时候随父母躲避战乱到香港，后赴美求学，白手起家，艰苦奋斗，成了华人钢铁大王。他事业成功以后，把自己大部分资产拿出来，注入唐仲英基金会来支持教育事业。他的拳拳爱国心，让我们非常感动。"唐仲英计划"的缘起，正是当时我们把学校的育人理念及在就业引导方面所做的一些工作向唐仲英先生汇报以后，得到了他极大的赞赏和支持。所有这一切都能够体现出唐仲英先生高尚的人格和爱国情怀。所以我希望同学们都感恩唐仲英先生所做出的这些贡献，不仅仅是因为他支持了"唐仲英计划"，更是因为他的这种情怀和品格。

第二个关键词是"公共领导力"。清华在百余年的办学过程中，培养了一大批学术大师、兴业之士、治国人才。那么，未来清华毕业生还能不能在中华民族伟大复兴的进程当中发挥如此巨大的作用？我们怎么样提高清华学生的成材率？我想，"领导力培养"会成为清华通识教育中最重要的组成部分之一。但是我们不仅仅是希望入选"唐仲英计划"的同学能够提升自己的领导力，未来成为各行各业的领军人才，而是聚焦于"公共领导力"。所以"唐仲英计划"的培养目标很明确，就是鼓励和培养更多的同学投身到公共部门去

[①] 过勇为清华大学党委副书记、公共管理学院教授。本文摘自2020年10月15日过勇在"唐仲英计划"十期开班仪式上的讲话，编入时有删减，标题为编入本书时所加。

就业。

第三个关键词是"培养计划"。"唐仲英计划"是清华大学因材施教项目体系的一个组成部分，我觉得这其中，"唐仲英计划"是培养体系最为完善的，是学校在探索因材施教方面的一个重要尝试。这也是在"唐仲英计划"设立的过程当中，我们不断地去强化清华的教育理念、细化计划的培养方案，所希望达到的一个目的。

我觉得"唐仲英计划"在因材施教方面有三个重要的创新。

第一个，基于同学的选择，而不是基于"优秀"，或者说最主要的不是基于"优秀"来进行选拔。"唐仲英计划"在选拔学员方面，首先是要选择有坚定的到公共部门去服务的意愿的同学。我们衡量的首先是你的意愿，而不是说综合能力。它的背后其实也反映出我们对于因材施教的理解。什么是因材施教？我向来认为能进入清华的同学都是优秀的，都是学校要培养的。但是每个同学对未来的设想是不一样的，每个同学的比较优势也是不一样的。怎么能够把各类教育资源跟同学的成长方向相匹配，帮助同学实现自己的梦想，是一个需要时刻思考的问题。所以理想的情况下，因材施教是针对所有学生，而不是又拔一次尖。

第二个，制定了详细的培养方案。当时我们跟公管学院、教研院、马克思主义学院的老师们进行了深入的研讨，设计了多个培养环节，无论是课程体系，还是实习实践等，都是希望全方位地帮助同学们为到公共部门就业做好准备。

第三个，动态调整。在清华也会出现资源过度集中的问题，例如很多同学去"收集"各类荣誉，包括因材施教计划的参与名额等。入选一些因材施教计划，不能成为，或不能仅仅成为简历当中靓丽的一笔。即使入选了"唐仲英计划"，如果你不能很好地利用计划提供的资源，积极参加一些培养环节，那就都是空的。同时我们也坚持确保一些环节具有一定的开放性，让非"唐仲英计划"的同学也可以参与。因为强化这种封闭性，本身不利于计划的实施，也不利于同学的成长。

坦率地说，要去公共部门就业，还是面临着很多的挑战和风险。所以在这里，对于入选"唐仲英计划"的同学，我也想提出三个方面的希望。

第一个是要坚定选择。之前我在跟一些同学交流的过程中发现，个别即使已经加入"唐仲英计划"的同学，有些时候也会说"我还没有想好"。当然这也可以理解，我们并不强制"唐仲英计划"所有的同学都必须到公共部门去就业。但是在我看来，如果你没有想好，就不应该申请"唐仲英计划"。这个计划是为那些有到公共部门服务的坚定信念的同学所准备的。去公共部门就业会面临很多挑战，希望同学们通过各个环节的参与，能够想清楚一些问题、了解一些情况。否则的话，当你真正去了以后，你可能会有心理落差。虽然这是学校鼓励的就业方向，但并不是说学校不负责任地鼓动大家。所以回过头来，要问问自己的初心，加入公共部门到底为了什么？是为了掌握一些权力、自己更好办事，还是说真正有为民服务的情怀？如果初心没有摆正，未来一定会遇到很大的困难。

第二个是要提升能力。到公共部门去就业，要具备什么样的能力？如果有志于成为一名党的干部，首先要提升政治意识，要学习习近平总书记重要讲话精神，要了解党中央对于干部尤其是年轻干部的要求。习近平总书记对于年轻干部的成长一直非常重视。自从青年干部大调研之后，从2019年3月开始，截止到2020年底，中组部已经先后组织了三批中青年干部培训班，在这三期培训班的开班仪式上，总书记都出席并发表重要讲话。在2019年春季学期中央党校（国家行政学院）中青年干部培训班开班仪式上的讲话当中，总书记强调要坚定理想信念，必须加强理论学习。为什么要坚持中国特色社会主义道路？为什么要坚持中国共产党领导？我们必须从思想上理解、认同，才能够坚定理想信念。这样，在遇到任何困难挫折时，包括政治考验的过程当中，也就能坚持原则。在2019年秋季学期的开班仪式上，总书记讲的主题是"发扬斗争精神，增强斗争本领"。有的时候，年轻干部表现优秀，比较早地进入领导干部的岗位，以为就此可以一帆风顺、得到重用。但是走得快的、走得早的，不见得是走得远的。年轻干部需要持续地表现、持续地奋斗、持续地斗争。2020年秋季学期开班仪式上总书记讲的是"要提高解决实际问题的能力"等，这也是基于我们当前党情、国情、世情发生的变化，总书记有针对性地对于年轻干部提出的要求。在这次讲话当中，总书记提出年轻干部要提高7个方面的能力，其中提高政治能力是第一位的。大家可以仔细地去体会，对照自己的认识，不断地去学习。

第三个是要改进作风。一定要防止一些官僚主义的作风、不良的风气在学生群体、学生组织、学生干部身上蔓延。无论是遵守国家法律、校纪、校规，还是在工作当中体现出好的作风，对于未来有志于到党政机关去工作的同学来说，都是非常重要的。公务员也好，干部也好，本身就是人民群众当中的普通一员，所以作风问题非常重要。有的时候，我们在工作岗位当中接触到一些领导，能够从他们身上学到很多，主要是要学对干部的一些要求，以及怎么样能够真正具有"为人民服务"的理念和行动。有的同学会说，人际关系很难处，我也不太习惯于跟领导打交道。这些问题确实会存在，而且各地会有差异，有运气的成分。但是我始终觉得，如果你坦坦荡荡做人，用心来换取别人对你的真心，很多困难都还是可以迎刃而解的，我们还是要有这方面的信心。

学校对入选"唐仲英计划"的同学寄予厚望。立志于到公共部门去就业，为中华民族伟大复兴服务，是一代又一代清华校友做出的选择。我们希望，未来同学们能够坚定选择、提升能力、改进作风，为中国共产党治国理政发挥更大的作用。

目　录
CONTENTS

马鹏斐：

坚守情怀，沿着正确的方向走下去

人物简介： 马鹏斐，清华大学计算机系 2014 届硕士毕业生，清华大学学生领导力"唐仲英计划"一期学员，毕业后前往宁夏回族自治区银川市兴庆区工作，2021 年 6 月至今任宁夏回族自治区灵武市人民政府副市长。

从 2014 年毕业到现在，马鹏斐在宁夏回族自治区银川市兴庆区通贵乡已经工作 7 年了。在这 7 年里，马鹏斐经过乡站办所干事、党委秘书、民生服务中心主任、副乡长、乡长等岗位上的历练，从一名刚跨出校门的大学生，成长为一名合格的基层干部，获得了干部群众的广泛认可。马鹏斐作为宁夏回族自治区的人大代表，关心人民群众生活，心系城乡协同发展。在刚结束的宁夏两会上（编者注：采访时间为 2021 年 2 月），马鹏斐积极建言献策，围绕脱贫攻坚与乡村振兴有效衔接提出了建设性建议。

"外边世界缺我一个不少，多我一个不多，但家乡需要我"

作为清华大学计算机系毕业的硕士生，找工作对于马鹏斐来说并不难。临近毕业，马鹏斐获得了阿里巴巴和腾讯两家著名互联网公司北京地区的录用邀请，他却毅然放弃了这两个能在"一线城市"获得"高薪"的工作机会，选择回到家乡宁夏的基层，从事公共服务工作。

"当时，我只是想着要做一个正直的人，脚踏实地，把事情做好，"马鹏斐回忆起最初的思考，"待在大城市，缺我一个不少，多我一个不多，但在西部地区的基层我可以发挥更大的作用，可以做更多的事情。"

明确了要去基层公共服务部门的想法后，马鹏斐积极参与了"唐仲英计划"，成为第一期的学员。该计划为学员们提供了短期实习实践的机会，而他借此机会前往青海省乐都区实习了六周。这六周让他对基层工作有了初步的认知和体验。

"当我真正来到基层工作的时候，才发现困难远比我想得要多。"刚开始的困难来自两个方面，一是对工作的不熟悉和不了解，二是与群众的交流和沟通障碍。

"当时一度分不清楚沟和渠，还闹过笑话，"马鹏斐说，"而且也有人认为清华学生从中关村到通贵村肯定待不长，是来'镀金'的，都是花架子。"

为了融入工作，与干部群众打成一片，马鹏斐晚上自己在家里补课，学习农业农村知识；白天跑到田间地头去请教农作物生产规律、渠水怎么来和沟水怎么排等知识。"实地去走，实地去看"是他的工作和学习方法。

"在清华时，常说'干粮和猎枪'。在工作岗位上，我愈发认识到了清华给予我们'猎枪'的重要性。"用事去磨炼，用心去学习。经过一段时间的深入学习和调研，他成了干部群众中不可或缺的一分子。在年终干部考核打分中，马鹏斐排在第一名，获得一致认可。

7年之后，再看当初的选择，马鹏斐认为，"在基层工作特别辛苦，但是觉得踏实，能够为老百姓做一些事情。只有坚定信念、保持韧劲、坚守下去，才能经风雨长才干！"正是为家乡做贡献的理想信念支撑着他，让他能够克服困难，融入基层。

"基层工作，不能熄灭创新的火苗"

"上面千条线，下面一根针"，一次次会议落实、一趟趟走村入户、一项项沟通协调，都需要身处最前线的基层干部推进。这些看似平凡琐碎的小事，最终汇集的却是政策落地、民众受惠的大事。

作为基层工作者，马鹏斐在做好征地拆迁安置、集镇项目建设、产业落地发展等工作的同时，充分发挥专业优势，用信息化思维和手段解决基层各项工作中的痛点和难点。在谈到这些年的工作经历体会时，马鹏斐说道："在基层工作，既要'敢战'更要'善战'，面对基层问题要冲破思维惯性和传统路径依赖，贡献青年人的创新思维，展现青年人的朝气活力。"

马鹏斐（左三）在安置区建设项目部开会安排工作

马鹏斐的第一个创新性思路是"开发分房软件"。2016年，马鹏斐所在的通贵乡新建了拆迁安置房，如何将这些房子公平公开透明地分配给群众成了难题。一方面，群众对采用抓阄这种方式不信任，认为存在作弊的空间。而另一方面，整个拆迁和分房安置周期较长，难免存在人员流动，传统的分房方式容易导致一些钻空子的问题出现。为了解决这些问题，他利用所学计算机专业的技能，开发了一套分房软件，从信息录入到电脑摇号，再到公开公示等环节，实现了信息化管理，在提高工作效率的同时，消除了群众的疑虑，降低了信访投诉率。如今，马鹏斐开发的"分房软件"已顺利分配1900多套，共计20余万平方米的安置房。

类似的创新还有很多。2020年初，为了治理通贵乡的人居环境，马鹏斐提出了"线上积分银行"，每家每户装上了二维码门牌，对农户改善乡村环境方面的成果进行量化。居民的环境卫生、好人好事等，都可以换算成积分，兑换生活日用品。这种模式充分发挥了道德规范明导向、正民心、树新风的积极作用，在整个银川市都得到了认可和推广。为了解决新冠疫情防控期间走村入户问卷登记而产生的填写效率低下和信息冗余的问题，他删减重复信息后，将原有纸质问卷电子化，走村入户时扫码填写即可，减少接触的同时，也极大地提高了信息录入效率和正确率。这些创新性的举措破解了基层治理难题，也为当地人民群众谋取了福利，提升了村民的幸福感和获得感。

"我觉得我们到基层工作得有自己的一些想法，创新的火苗不能熄灭，但也要通过实践调研，让自己创新性的思维切实落地。"创新与求实，在马鹏斐的工作中得到了充分的体现。

"一路走来，我最大的收获就是群众的感情"

"用真心才能换真心，这是乡亲们教会我的。一路走来，我最大的收获就是群众的信任和感情。"马鹏斐总结近7年的基层工作收获时说道。

初入基层工作时，清华大学硕士研究生的身份曾让一些同事认为马鹏斐是来基层"镀金"的，"做做样子"。人民群众对马鹏斐也持不理解和不看好的态度，认为这个年轻的高才生不懂农村，受不了苦，待不长。马鹏斐为了融入当地人民群众和基层环境，付出了很多努力。

工作伊始，马鹏斐主动下村入队，通过和群众拉家常的方式请教农村知识，逐步减少和群众的距离感。同时，主动走"站"串"办"请教农村工作经验，看其他干部同志有需要帮忙的就尽力帮忙，非常积极地协助他们一起解决问题。渐渐地，干部群众对他的印象逐步改善，认为这个高学历的年轻人接地气、懂民心，开始向马鹏斐敞开心扉，聊起了知心话，各项工作也顺利开展。马鹏斐感叹道："谦卑是融入基层的通行证，善学是扎根基层的敲门砖。"

2016年7月，患重感冒的马鹏斐正在医院打吊针，突然收到银川市将降特大暴雨的预警信息。"有几户仍居住在危房！"输液到一半的他拔掉针管，连忙赶回村里安排撤离工作。当天夜里，在冒雨检查安全隐患时，马鹏斐发现一户危房的后墙体与屋顶结合处裂开一道口子，后墙已严重倾斜，房屋随时有倒塌的危险，但屋内的两位老人不愿意离开。情急之下，他冲进房中将老人背了出来，并送到辖区养老院避险。这件事后，马鹏斐在村民心中的分量更重了。

基层工作的桩桩件件都与每个鲜活的个体相关，基层工作者的一举一动都被群众看在眼里，记在心里。马鹏斐回忆时提到，"村里一个七十多岁的老大爷有一天突然到我的办公室来，一进来，门一关，拿出一个信封，就说：

'这是几千块钱，感谢马乡长对村子所做的贡献和之前对我的帮助。我这都是要入土的人了，我跟家里的子女谁都没说，你拿着。'"马鹏斐没有收老大爷的钱，但内心受到了深深的触动，"其实自己干的事情都是很普通的分内之事，但群众始终心怀感恩"。这份情谊也是他坚持做好基层工作的最大动力。

马鹏斐（左二）在村民家中了解拆迁情况

从清华校园的"象牙塔"到基层锻造的"大熔炉"，从"天之骄子"到"泥腿干部"，在银川市兴庆区通贵乡工作的7年多时间里，马鹏斐奉献着青春，挥洒着汗水，绽放着属于自己的时代芳华。正值清华大学建校110周年，马鹏斐始终牢记着清华人的责任、使命和担当，始终心系母校，正如他微信个人签名中所写的那样：坚持情怀，沿着正确的方向走下去。

采访 | 马鹏　薛正义　王瑜琪

撰稿 | 马鹏　薛正义

马 攀：

努力学习不是为了脱离贫困的家乡，而是为了让家乡脱离贫困

人物简介：马攀，清华大学法学院2015届硕士毕业生，清华大学学生领导力"唐仲英计划"三期学员。硕士毕业后选调至重庆工作至今，先后在渝中区大溪沟街道、渝中区政府办和重庆市委研究室等单位工作。

既能在重庆市中心的渝中区大溪沟街道与热心的"老嬢嬢"们搞活动、唠家常，又能作为优秀的"笔杆子"，参与重要规划文件的起草，更见证了重庆最后四个贫困县脱贫的历史时刻——从清华毕业，从"唐仲英计划"出发，马攀在投身公共服务事业的五年里经历了多次角色转换。岗位和工作在变，初心和使命不变。马攀以感恩的心态对待每一天，负责地坚守在西南大地，在平凡的工作中闪耀着不凡的风采。

"我们努力学习不是为了脱离贫困的家乡，而是为了让家乡脱离贫困"

2015年夏天，马攀从清华大学硕士毕业后，参加选调来到重庆市渝中区大溪沟街道党工委办公室工作。

对于自己的新岗位，马攀最初感到有些意外，"我当时比较倾向到农村，尤其是城乡接合部，了解和参与以城带乡、城乡融合工作。"然而，由于工作需要，马攀却被组织安排到了重庆唯一没有农业人口的渝中区。

从法学院毕业时，虽然马攀有到国有金融企业工作的机会，但他却坚定地投身公共服务。谈到自己回乡工作并希望建设乡村的初心，马攀总结为"感

恩"二字。

"我来自石柱县，这是重庆一个非常贫困的县。我从这样一个小县城来到大城市，可以说是大山养育了我，是父老乡亲培育了我。我心里总觉得，其实比我优秀的人、比我聪明的人是很多的，但既然自己能够有幸进入清华，就应该做一些事情来回报国家、回报社会。"

在校时，马攀就组织了各类活动来关注和支持家乡的发展。2015年寒假，马攀联系了多位在外求学的石柱籍大学生，成立了"在外学子志愿服务队"，通过返乡宣讲等活动，为家乡的高三学生提供学习、成长等多方面的指导。这项志愿服务活动被他们命名为"思源计划"，寓意饮水思源。

"我们来自石柱，是家乡将我们送到外面看到了世界的精彩，但是我们努力学习不是为了脱离贫困的家乡，而是为了让家乡脱离贫困。"

现已走进第7个年头的这项志愿活动，吸引了越来越多的石柱青年学子加入其中，他们为越来越多的石柱中学生带来了帮助、关怀与温暖。

加入"唐仲英计划"，下定投身公共服务的决心

如果说对群众、对家乡的感恩给了马攀投身公共服务的初心，那么学生领导力"唐仲英计划"的培养经历则帮助马攀下定了决心。

进入研究生阶段后，马攀就加入了"唐仲英计划"。马攀认为，校园的生活毕竟与公共服务的工作有相当距离，而"唐仲英计划"的一系列课程却为学员坚定了理想信念，并提供了公共服务能力提升的"小台阶"。在参加"唐仲英计划"的两年里，马攀逐渐加深对公共部门、公共服务的了解，渐渐提高了自己的准备程度，开始进入"人民公仆"的角色。

参加工作后，无论是在街道、区政府还是市委，马攀都能不时地感受到之前在"唐仲英计划"所参加的特色课程的实用性。

除了公共服务能力提升课程，马攀印象最深刻的还有与社会导师的交流。在单独交流的过程中，导师给予他信念与思想的滋养。"我还记得有一次和老师谈话时，提到自己很希望能给领导当秘书，当时她很严肃地跟我说：'你选择了这条路，首先应该想到的是做实事，去完成你的使命，服务众人。'"

"如果失去了初心，没有了信念，很多时候可能会迷失自己。"在这样一次次的交流中，马攀逐渐坚定了自己的初心和信念，并终于在毕业后投身公共服务，用青春奋斗回报家乡人民。

"我们不光要自强不息，还要厚德载物"

扎根基层，马攀对人情冷暖颇有体会，也深深感受到了老百姓的朴实与真诚。在街道开展工作，离不开社区热心居民尤其是老阿姨们的帮衬。他认为，要让群众把你当知心人，首先要把自己当作群众的亲人；要顺利推进各项工作，必须先建立融洽的关系，和大家打成一片。社区的老阿姨们喜欢把他当作"自家孩子"看待，他说："大家内心是很欣赏我们这些清华毕业生的，只要工作中对事不对人，大家都会支持你的，谁家长辈不'护着'自己家优秀的孩子了？"

马攀说，干过团工作的人都知道一句话："没有权、没有钱，全靠一张嘴巴甜！"基层很多工作都是如此，"我们有几个社区的阿姨，她们可以算是居民当中的'意见领袖'了，要开展好工作首先要团结好她们"。说到平时与阿姨们的交流心得，马攀还情不自禁地说起了重庆话，"为开展群众工作，我嘴巴练得很甜，平时看到她们我老远就开始喊'××嬢嬢，去哪点喽？'，每次她们来街道办事，我们都很热情，'××嬢嬢来了哈，找哪个嘛？我帮你看哈在不在哈！'久而久之，大家都觉得'嗯，这个小伙子，硬是要得！'——这样关系也亲近了很多。"

谈到自己的基层工作经历，马攀说，千万不能用居高临下的心态看待基层群众。

"我能感受到他们很'真'。他们都是非常真实、非常普通的老百姓，我们非常需要以心换心地和他们交流。"

当然，基层除了这份真情和热忱，还有复杂多元的工作。马攀在大溪沟街道时主要从事群团、文体、宣传工作，既邀请过街道环卫工人一起吃团年饭，也策划组织过社区群团服务站的建设和街道新年晚会，"跨界"经历十分丰富。

马攀（左二）参与社区工作

马攀自嘲为"愣头青"，因为基层的各种事情都可能是人生的"第一次"，不管是自己懂还是不懂的事情，都得硬着头皮上。

"有些东西、有些时候完全是意想不到的，基层工作真的是事事皆学问。"一次，街道需要选拔队伍参与渝中区的文艺比赛，选拔对象主要为街道的居民们。比赛中既有比较专业的乐器演奏，也有广场舞等大众化的娱乐活动，而马攀正是这场选拔的裁判。

不通乐理、不会乐器的马攀，只能一方面突击相关知识，一方面四处请教。"那段时间辖区很多参赛居民经常来找我，'小马，你让我们去参加吧，你看我们这个节目非常棒，最适合代表街道去表演，你看我们的乐器是最有特色的……'你明白，最后无论选谁大家都会接受，但只有你的评判标准是专业的，大家才会真的信服。"一年下来，马攀的感受是，基层真是个学科众多的"大学"，每个人都可以做他的老师。要少点"书生气"，多点"烟火气"，"我们不可能事事都会，但只要有真诚求教的态度，就能成为基层工作的行家里手"。

"不管是研究生还是大学生，不懂群众工作都是小学生"，街道办的这条标语，马攀始终铭记在心。"清华的同学不应该仅仅是别人说的'智商高'。既然选择在公共部门工作，我们就不光要自强不息，还要厚德载物。"

能力越大，责任越大

2017年，马攀进入渝中区政府办公室工作，主要负责全区政务信息的编发和上报；2018年3月，马攀又通过遴选来到重庆市委研究室工作。岗位变换后，马攀在工作中需要更多地与文字打交道。

最初，马攀也曾感到枯燥，但是后来他立刻转变心态，决心以"清华式的服务"把工作做到极致。马攀给自己设定了一个目标：每完成一件任务，就给自己写一个总结，并且假想这份总结今后将要成书面世。"如果给自己提了这样高的一个要求，我就需要在工作当中不断地留意很多细节，确保我的工作经得起推敲。"

坚持这样孜孜不倦的态度，马攀也得以不断成长，走上更大的舞台。2020年，重庆市成功实现整体脱贫，作为相关文件的执笔人之一，他说："自己来自曾经的贫困地区，能参与见证这个历史时刻，既感慨万千，更感到无上光荣。"除此之外，马攀在四川省委政策研究室挂职期间，还作为最年轻的执笔组成员参与了《中共四川省委关于制定四川省国民经济和社会发展第十四个五年规划和二〇三五年远景目标的建议》的起草。

面对这样重大的任务，马攀坦言，自己也曾感到十分惶恐，"一句话、一个字都可能影响极大。包括这回参加四川省'十四五'规划建议的起草，作为'两个一百年'奋斗目标交汇期的第一个五年规划，不仅要为未来五年的发展擘画蓝图，还要为未来的十五年乃至更长时期的发展战略奠定基础，所以感觉自己身上的担子很重。同事们开玩笑说，文件里就算是一个标点符号，恐怕都不止千金吧。"

正因如此，马攀在执笔时不敢有任何懈怠，对于每一个细节都要仔细推敲、虚心请教。团队中的同事都来自不同的部门，成文过程中一次又一次的讨论、验证、"碰撞"，都给马攀留下了深刻的印象。"我感受到来自不同岗位、不同地市州的这些领导、同事，真的是带着一种很高的情怀在做这件事。当一个人热爱自己的工作到了这种程度的时候，我觉得才能说对得起自己的岗位、对得起党和人民赋予你的权力。"

马攀说他小的时候非常喜欢蜘蛛侠，卧室墙上一直贴着一张《蜘蛛侠》

的海报。在上面，他还手写了那句著名的台词："能力越大，责任越大"，并且一直以这句经典台词激励自己。"参加工作之后，我越发感受到这句话是多么重要。随着你的能力不断增长，你身上所肩负的责任也不断增大。"

从重庆石柱到首都北京，又从清华校园回到山城重庆，马攀始终秉持着感恩家国的初心、始终心怀着服务人民的信念。

在最后，马攀对采访他的"唐仲英计划"在期学员说了这样一番肺腑之言："说实话，当我在清华的时候，不可能会想到有一天自己能够参与到起草如'十四五规划'这样'高大上'的任务中去。荀子曰：'道虽迩，不行不至；事虽小，不为不成。'只要有心为国为民，就从现在起开始准备，谨记出发前在清华受的教育，铭记出发时自己的初心，牢记出发后前行的方向。我相信大家一定都能在今后的岗位上创造出属于自己的美好未来，一定会的。"

采访丨郭栩　王仕韬　张航　叶林东　江小琳

撰稿丨叶林东　王仕韬

王义鹏：

弱冠至而立，仲夏育繁英

人物简介： 王义鹏，清华大学新闻与传播学院2013届本科毕业生，清华大学新闻与传播学院2015届硕士毕业生，清华大学学生领导力"唐仲英计划"三期学员。2015年毕业后在四川省甘孜藏族自治州、省委组织部工作。

2011年，清华大学学生领导力"唐仲英计划"成立，招募有志于公共服务事业的学员开展领导力培养。那一年，我20岁，在清华读大二，于生日前一个月光荣入党，在心里种下"一心为公"的种子。两年后本科毕业，正值职业规划时期，有幸入选"唐仲英计划"三期，心里的种子开始生根发芽。如今三十而立，入党十年，入职公共部门六载，当初的种子含苞初放，恰如歌云："我还是从前那个少年／没有一丝丝改变／时间只不过是考验／种在心中信念丝毫未减。"感谢母校老师邀约撰文，让我有机会回顾青春旅程，回味一路芬芳。

一、拜见唐先生

据统计，十年来"唐仲英计划"培养学员已逾六百人，但见过唐仲英先生本人的仅百分之一，我有幸是其中之一。那是2015年春天，负责"唐仲英计划"的耿睿老师和辅导员沈若萌师姐，带领我们几位学员代表，从清华园出发，乘动车一路南下，到江苏看望唐老。那时我刚刚完成硕士毕业作品——用半年多时间，深入新疆的喀什、阿克苏等地，一对一走访了40多位扎根基层公共部门的校友，并形成调研报告。在调研中，我与校友们同吃同住，近距离观察他们的工作和生活，深入了解他们选择公共部门的初衷、到岗后的调适以及对未来的规划等。因为这趟旅程，我坚定了到西部、到公共部门工作的决心，我在报告中写道："很幸运，我在基层见到了这么多行胜于言的清华人；很荣幸，我能够成为他们中的一员。"

这份毕业作品是在"唐仲英计划"的支持下完成的，并有幸获评清华大学优秀硕士学位论文。怀着感恩之心，我将这份作品精心包装，作为礼物送给唐老。在去江苏的路上，我想，以唐老丰富的人生阅历和广博的学识眼界，一定会给我们很多建议和叮嘱。到了唐老家，大家踊跃发言，争相汇报参加计划培养的情况。那时唐老已85岁高龄了，他坐在轮椅上，腿上搭着一条蓝色的毛毯。整整一个上午的时间，唐老都平静而温和地注视着我们，尽管身体欠佳，还是极有耐心地认真倾听每个人的讲述，对学员们超时的"演讲"从不打断，对年轻人不成熟的见解不下定论，或微微点头，或会心一笑，表达对我们的肯定和鼓励。我感到，唐老通过言传身教生动阐述了"无私助人"的精神内核——不因助人自大，不以施助说教，真正以受助者的快乐和幸福为根本追求和最大回报。

王义鹏（右二）拜访唐仲英老先生

2018年6月，唐老仙逝。得知这一消息时，我正在四川凉山彝族自治州参与脱贫攻坚相关工作。那时，攻克深度贫困堡垒这场脱贫攻坚硬仗中的硬仗全面打响，四川全省上下聚力凉山"啃最硬的骨头"，党员干部舍小家、为大家，扎根扶贫一线苦干实干。习近平总书记说，人民对美好生活的向往，就是我们的奋斗目标。在这一点上，"唐仲英计划"和唐老本人给我们传达了相同的精神力量：不计私利，只为公益；不记己功，造福众生。

二、"唐导"在蜀地

初入"唐仲英计划"，我对公共部门的认识是概念性的，对于自己到公共部门究竟能做什么仅停留于想象。一个偶然的机会，我结识了一位来自四川基层、在清华公共管理学院读 MPA 的领导干部，他爽朗的性格和睿智的谈吐给我留下了深刻的印象。不久，"唐仲英计划"发布"社会导师"项目，符合条件的学员可申请与来自公共部门的社会导师结对，获得实战指导。我惊喜地发现，那位读 MPA 的四川师兄恰好是导师之一。我立刻与他联系，并向"唐仲英计划"办公室递交了申请。结果因资料准备不足，申请被拒。师兄很快打来电话，说他收到的学员名单里没有我的名字，他和办公室教师反复沟通，最终把我这个学员给"要"了过去。真没想到，我竟能遇到这样耿直、真诚的导师！

王义鹏在甘孜州工作时召开精准扶贫工作推进会

为了增进我对公共部门的了解，2014年暑假，导师安排我到四川的一个乡镇挂职锻炼。那是一个位于城乡接合部的镇，产业发展、基层治理、生态环保等任务很重。导师嘱咐我：在这里好好体悟，多认识几个"贾大山"。在镇上，我的主要工作就是跟着分管国土规建的镇领导跑，他去哪儿我就跟到哪儿，他干什么我就看什么。我经历了走村入户与拆迁群众谈判、扛着专业设备搞国土规划勘探、推进落实土地确权登记……甚至连最有四川特色的"麻将社交"也没有回避我。这段经历让我充分感受到，公共部门特别是基层的工作是具体而务实的，任何理念、目标和方向，都要靠一步一个脚印、踏踏实实地干来实现，只有真心实意地扑下身子、沉下心来、多接地气，真正与群众打成一片，才有发挥作用的机会和彰显价值的可能。

那段日子，最惬意的时光，是过完忙碌的一天，和导师在江边散步。每当这时，他都会毫无保留地讲述自己投身公共部门至今，是怎样一步步走来的，有哪些经验、教训；全面系统地给我讲解在公共部门工作需要注意什么、争取什么、避免什么。他的耳提面命，让我在基层锻炼、体验繁杂事务的同时，能够静下来沉淀、深入去思考，把感性认识上升为理性认识，更好地总结提炼。我的父母都不在公共部门工作，在正式投身公共部门前夕，导师的倾囊相授为我补上了最重要的实践课。虽然老家在安徽，但因为这段缘分，毕业后我选择来四川工作。事实上，我工作的地域、行业、重心几乎都和导师没有一点关联，但是他让我见识到四川有这么好的干部、这么耿直的人民，这些构成了我选择四川最大的底气。

三、"唐班"战友情

令我高兴的是，选择四川，我不是一个人。在清华，"唐仲英计划"学员互称唐班同学。在四川公共部门，已经有近十位从"唐仲英计划"走出的战友：有在基层当过乡镇长、党委书记的黄浩、谈梦泽，他们经历过多岗锻炼、处理过复杂难题、积累了宝贵经验；有在省直部门成长为业务骨干、行家里手的赵宇、龚玉斌，他们提高政治站位、拓宽工作视野、锤炼过硬本领；有工作时间较短、熟悉四川较深的藏族师弟茸宇、洛桑晋美，他们毅然回到家乡、投身公共事业、矢志建设西部。仿佛历史已经写好了脚本，志同道合的伙伴总会走到一起。

在四川这片神奇的土地上，"唐仲英计划"的战友们结下了深厚的情谊。我们在各自岗位奋发努力，成为彼此的风向标——基层的同志想深入领会、把准政策，给省上的伙伴打个电话就能弄清来龙去脉；省上的同志想摸清基层实情，问问一线的战友就能听到最真实的声音。我们为共同理想互相鼓劲，成为彼此的加油站——超过一半的伙伴都有在基层一线、艰苦边远地区工作的经历，最近四川又在组织干部到省内藏、彝民族聚居地援助服务，才生了二胎没多久的龚玉斌对援藏援彝表达强烈意愿，令我十分敬佩。我们对大家的日常生活真诚关心，成为彼此的避风港—— 婚礼上总能见到战友们的身影，大家还积极为单身汉介绍对象、为化解生活烦恼出谋划策……

我想，未来"唐仲英计划"在四川的队伍还会进一步壮大。不仅在四川，在祖国九百六十万平方公里的广袤土地上，一定会有更多理想信念坚定、知识结构完备、能力素养优秀的清华学子，积极投身公共部门，挥洒青春建功立业，为推进国家治理体系和治理能力现代化做出更大贡献。与同行者共勉！

撰稿丨王义鹏

吕志强：

征途漫漫，唯有奋斗

人物简介： 吕志强，清华大学核能与新能源技术研究院2014届硕士毕业生，清华大学学生领导力"唐仲英计划"一期学员，毕业后作为贵州省定向选调生赴贵州省贵阳市息烽县工作。历任贵州省贵阳市息烽县委办公室工作员、永靖镇立碑村党支部副书记（挂职）、工业和信息化局副局长、永靖镇人民政府副镇长、养龙司镇专职副书记、人民政府镇长等职，现任息烽县养龙司镇党委书记。

今年是"唐仲英计划"十周年，也是我选调到贵州省工作的第七年，正所谓"七年之痒"，利用这个机会对入黔以来的工作情况特别是在乡镇工作的五年做个小结，很有必要（编者注：本篇成文时间为2021年）。这篇短文也算是我献给"唐仲英计划"十周年的一个礼物吧。

融入：思想与灵魂

能不能迅速融入进去，对于在基层工作开局乃至长期工作的顺利与否，实在是很重要。对此我主要做了四方面的工作：

——说贵州话。首先要讲方言，我到乡镇工作的第二年学会了说方言，这方面没有什么诀窍，就是大胆地说、大胆地试。刚开始说得不像不要怕别人笑话，说着说着就会了。作为北方人，当我开始在所有场合发言全部用贵州话时，明显感觉与同事、群众的感情距离一下子拉近了，也赢得了同事们对我语言学习能力的赞赏。因为养龙司镇靠近遵义，所以我有点遵义口音，现在同事们开玩笑说我是遵义人。做群众工作时，用普通话讲出来群众不一定会接受，而同样的话用本地话讲出来他可能会接受，因为你们的心理距离很近。另外就是要讲基层能听懂的话，讲土话，不能言必称"之乎者也"，那样会造成一种印象，就是书生气太浓。高深的理论和大道理不一定能解决实际问题。

——吃贵州饭。贵州因为"天无三日晴"，潮湿天气多，人容易得关节炎，贵州人民长期以来找到的对抗这种天气的方法就是吃辣椒。贵州还有一道极富地方特色的菜是凉拌折耳根（鱼腥草），对北方人算是一个比较大的挑战，所以有句俗话叫"吃不下折耳根，不算真正的贵州人"。我主动尝试多吃辣椒，常吃折耳根，由被动接受转变为完全适应，逐渐让自己的身体状态也调整到适合贵州的气候。与大家能够吃到一块去，在心理上、感情上可以拉近距离，也是打成一片的一种方式。

——交贵州友。在贵州工作的这几年，我结交了几个真正的朋友，对自己工作帮助很大。他们中有的是普通群众，有的是村干部，有的是领导干部，但无一例外的都是真诚、无私、愿意帮助我成长进步的人，普通群众可以对我讲真话，让我掌握最真实的民情；领导干部可以指引我前进的方向，让我少走弯路甚至不走弯路。从政路上，这些朋友在我顺境时会给我提醒，防止头脑发热；逆境时会给我鼓励，让我坚定定力、磨炼意志。还有一点很重要，虽然在贵州举目无亲，但朋友的存在会让我不孤单，工作学习生活上都可以交流，增加感情上的归属感。

——办贵州事。干部的威信来源于实干，来源于办实事，来源于解决实际问题。正如毛主席所说："当桅杆顶刚刚露出的时候，就能看出这是要发展成为大量的普遍的东西，并能掌握住它，这才叫领导。"清华选调生到地方工作后为人所认可，不能靠头上的光环，而是要靠看问题的深度，解决难题的能力，干事创业的作风。七年来，不管是在村、机关还是乡镇任职，我都立足本职岗位，心无旁骛地把工作做好，尽自己最大能力为地方经济社会发展添砖加瓦，为老百姓多做实事好事，自身的成就感和价值实现也正来源于此。做官是有止境的，而为人民办事则是无止境的。

2021年春节前夕，习近平总书记到贵州考察，亲切看望各族干部群众，对贵州的各项工作给予充分肯定。我作为贵州干部的一分子，真正发自内心地感受到了作为贵州人的自豪感，可以说，从思想到灵魂都融入了进去。

实干：摆脱贫困

在贵州这七年，如果说还有哪些事可以拿来记录的话，那就是有幸参与到了脱贫攻坚这一伟大历史进程中，为撕掉贵州省千百年来的绝对贫困标签贡献了自己的力量。

——电商扶贫：淘宝村诞生记。2015年3月，我刚到立碑村驻村，在走访调研中，我听到很多群众反映现在村里网上购物特别不便，所有包裹都要去县城领取，既花钱又花时间，我就想着能不能帮助解决这个问题。立碑村正好交通区位也比较便利，于是我就萌发了设立一个便民快递网点的想法，动员村主任一起到县城的10家快递公司逐家拜访。经过20余次的沟通洽谈，最终与他们全部达成合作协议，于2015年4月9日在立碑村村委会设立了息烽县首家"便民快递网点"，解决了立碑及周边10个村3万余名群众网购不便的问题，每年还可以给村委会带来5万元的村集体经济收入。刚开始时是村干部用自己的车去快递公司拉货，后来从县里争取经费买了一辆快递车。现在"便民快递网点"早就不存在了，这是因为它的使命已经结束，快递公司直接在村里设置了自己的网点，老百姓得到了最大的便利。

2015年6月，"便民快递网点"已经能够正常运转得很好了，每天都有近百个包裹送到村里来，群众网购量比之前翻了几番。但新问题也就随之而来，群众网购消费越多，钱被别人赚走得就越多，绝大部分货品还都是从外省进来的。我和村干部到县相关部门主动汇报，得到大力支持，共争取到10万元项目启动资金，随即在立碑村探索成立农村电商服务中心，为创业者免费提供电脑、网络、场地和注册企业、贷款融资等代办服务，吸引电商创业者入驻。那时候会在网上开网店卖东西的本地人奇缺，谁都不会。这时正好村里有两对在广州从事电商行业的年轻夫妇，在他们回乡探亲期间，我和村干部上门拜访。刚开始，他们没有答应。一次不行，我就两次、三次去找他们……谈了六次之后，终于打动他们，电商创业园也有了第一批带头入驻的创业者。之后我们又从市农业农村局争取100万元项目资金，从此立碑村的腊肉、折耳根、酸萝卜、青菜等黔货开始源源不断地出山。

2015年3月，我到县工信局担任副局长，分管全县的大数据和电商工作。

这一年正好省市大力推进电商工作，结合息烽的实际情况，考虑到立碑村已经有了一定的基础，县里决定将立碑村作为全县农村电商产业集聚区来打造，成立了由县直部门、永靖镇为主要成员的工作专班，确定了"三步走"的工作思路，并将冲刺"淘宝村"定为第一个目标。紧接着，2016年12月息烽县与淘宝大学达成合作协议：在息烽共建淘宝大学培训学院息烽县培训基地，在全县范围内招募电商创业者进行培训，经过短期集训后全部送往立碑村进行180天的长期孵化。高峰时期同时有上百人聚集在立碑创业。另外，通过招商引进贵州老腊肉电商公司在立碑村落户，公司常驻20人的专业团队负责立碑电商园区的运营工作，为所有在立碑创业的团队提供产品研发、培训沙龙、实战指导等免费业务，同时辐射带动全县。

2015年7月，我到永靖镇担任副镇长，同时兼任立碑村第一书记，我组织镇村两级全力为立碑电商发展做好保障。村支两委出资装修办公场地，无偿提供给创业者使用；凡是网商创业者看中的房子，村党支部都会动员老百姓拿出来出租，前后共租用33间住房。就这样，在县乡村三级的共同努力下，立碑村的电商发展呈现出了欣欣向荣的局面，各项指标都实现爆炸式的增长：网店从不到10家增长到100多家，年度网络零售额从不到100万元增长到1000多万元，从业人数从不到20人增长到150多人，于2017年11月被阿里研究院评为全省唯一一个淘宝村。最令人欣慰的是，在我的工作岗位与立碑村不再有直接联系的时候，电商产业还能持续下去并且发展得更好，长效机制真正建立起来并发挥了作用，没有出现"人走电商死"的问题。

——六个农民：扶贫更要扶志。2018年6月，我到养龙司镇担任党委副书记，分管脱贫攻坚工作，在走访的过程当中，我发现一部分贫困户存在"等靠要"思想、人居环境"脏乱差"、争做贫困户等现象，国家的好政策变成了养懒汉，甚至出现部分贫困群众无视、辱骂帮扶干部的情况，干部群众对这种现象反映强烈。脱贫攻坚所要摆脱的不仅仅是物质上的贫困，更重要的是要摆脱精神上的贫困，脱精神之贫比脱物质之贫难度更大，所需时间更长，但意义也更为重大，影响也更为深远，更是乡村振兴的应有之义。我和同事以问题为导向，共同商讨对策来解决这种不良村风民风，探索创立了"六个农民"新机制：设定"做感恩农民（20%）、做守法农民（20%）、做诚信农民（20%）、做孝顺农民（10%）、做奋发农民（15%）、做文明农民（15%）"的占比与考核细则，每户贫困群众每年分红总收入按照以上"六个农民"考核总分数进行分配，将贫困户表现与扶贫资金分红挂钩。对劳动年龄内、有劳动能力、有正常思维但不愿劳动、不学技术、不思上进、不尽孝道、不懂感恩、游手好闲、打牌赌博、等靠要闹、懒贫赖贫的贫困人口，扣减相应考核分数，并纳入"扶志"教育管理库中，村支两委采取"一对一"约谈的方式有针对性地开展教育。"扶志"教育管理库每季度更新一次，实行动态管理，分类施策，适时销号。同时建立管理约束机制，明确村支两委作为"六个农民"学习宣传、考核打分、约谈教育的"主力军"，极大提升了村级组织的管理能力，为村党支部发挥政治引领功能"保驾护航"，为实施乡村振兴战略奠定良好的政治基础。

"六个农民"新机制实施以来，取得了较明显成效，干群关系更和谐，无视、辱骂帮扶干部的情况不再发生，推动了脱贫攻坚工作顺利开展，促进了干群关系向好发展。法治环境更优化，村规民约更加有力有效，贫困群众更加遵纪守法，封建迷信、黄赌毒、滥办酒席等不良行为得到有效遏制。村风民风更向上，提高了群众参与农村产业结构调整工作的积极性，群众"等靠要"思想得到根本性转变。人居环境更优美，贫困群众更加注重生态环境的绿化美化，垃圾遍地的情况基本上不再发生。

《贵州日报》"天眼时评"在评论"六个农民"做法时指出："没有比人更高的山，没有比脚更长的路，脱贫致富终究要靠贫困群众用自己的辛勤劳动来实现。激发贫困群众内生动力，要注重宣传教育引导，以切实可行的工作方法把人民群众对美好生活的向往转换成实实在在的脱贫致富的信心和行动。所以说'六个农民'新机制的探索值得拍手叫好。"脱贫攻坚如是，乡村振兴更如是。

坚守：征途漫漫，唯有奋斗

七年选调，酸甜苦辣，感悟体会很多，概括下来主要有以下几点：

——团结是胜利的法宝。不管到任何岗位上，都要想办法搞好和大多数同事的团结，团结可以出生产力，团结可以让我们干事创业少很多障碍。毛主席讲过，政治就是把支持自己的人搞得多多的，把反对自己的人搞得少少的。我们要处理好个人和环境的关系，可以融入，但不能融化。

——对上负责与对下负责的辩证统一。有的干部没有自己的主张，群众说让怎么干就怎么干，一味跟在群众屁股后面跑，还美其名曰为群众服务。毛主席讲过，共产党员既是人民的儿子，又是人民的教师。群众看到的更多的是短期利益和局部利益，党员干部之所以能成为党员干部，就是因为能站得高、看得远，看得到全局利益和长远利益。所以我们在工作中服务群众的同时，还要组织群众、发动群众，要像老师教学生那样耐心地、一步步地引导和教育群众，把对上负责和对下负责统一起来，这样才是真正地为群众服务，只对上或只对下都是极端不负责任的行为。

——理性对待顺境和逆境。人生之不如意十有八九，一帆风顺的人生容易折断，刚开始我们都是踌躇满志的，但是很不幸的是很快就会被浇上一盆冷水，有些事情甚至可能会让我们怀疑当初的选择是否正确。我以为，逆境、困难、挫折是坏事，但更是好事，关键看你怎么面对和应对，要善于将坏事转化为好事。如果从长期来看能够得到组织的认可，那么就是值得的。一个干部能被组织认为靠得住，是很难得的评价。阳光总在风雨后，做出了正确的选择，就要保持定力，就要坚持，坚持比选择更重要，也更难。

吕志强（左一）与当地村民交流

——永葆自我革命精神。七年下来，共同来到贵州的选调生同志的发展历程出现了明显的分化，有的早已进入领导机关，有的仍然在基层坚守。但不管在哪里，都要走适合自己的路，不能照抄照搬所谓成功人士的经验。蒋南翔校长教导清华学生踏入社会后要像猎人持有猎枪到森林打猎一样，包括我们从小熟知的"小马过河"的故事，这些都告诉我们，自己的路还是要自己去走。吃别人嚼过的馍不香，"鞋子合不合脚只有自己知道"，唯有在实践中、在斗争中锻炼自己，永葆自我革命精神，才能走出一片新的天地，为党的事业不断添砖加瓦，不负人民百年来的托付。

　　一句话，征途漫漫，唯有奋斗！

撰稿丨吕志强

刘广银：

躬耕理想，服务人民

人物简介： 刘广银，清华大学工程物理系 2018 届硕士毕业生，清华大学学生领导力"唐仲英计划"六期学员。2018 年 9 月至 2020 年 10 月，挂职任莒南县洙边镇党委委员、副镇长，同时为省派乡村振兴服务队队员。现为山东省教育厅（省委教育工委）三级主任科员。

全面小康必定有我

"爱国奉献、追求卓越、行胜于言的品格，是我做好公共部门服务工作最大的优势。"刘广银深受清华精神的影响，在母校的学习生活和交流中，逐渐确立了自己的价值追求，明晰了职业方向。在学习科研之余，他先后去贵州、新疆、台湾等多个省份参加社会调研实践和挂职锻炼，到精准扶贫一线、到城市管理一线、到高新技术转化一线去感知真实的中国。他回忆说，"在新疆挂职的两个月时间里，我深刻认识到祖国的大好河山，需要有一批人去守护、去耕耘，奋斗在基层一线的同志们，就是这样默默奉献的一批人。"后来，他报名参加了第六期的"唐仲英计划"，与有志于从事公共服务工作的同学们一起交流学习，接受系统的专业训练。刘广银积极向来自各行各业的优秀校友们学习，"清华许多优秀学长学姐毕业后去往边疆、基层，他们的故事深深地鼓舞了我"。逐渐地，他确立了躬耕理想、服务人民的价值追求。

毕业季，刘广银收到了来自多个单位的录用通知。在"立大志、入主流、上大舞台、干大事业"的感召下，他选择放弃特大城市的优渥待遇和高薪岗位，回到自己的家乡山东。"我自己是农村出来的，对农村有深厚的感情，想要从一个新的角度重新认识农村、了解基层治理，在决胜脱贫攻坚、决胜全面建成小康社会的最后两年，把汗水挥洒在基层。"对他来说，在乡镇的这两年必将成为一生中非常精彩的一段时光，贴近人民、服务人民是宝贵的体验与锻炼。

刘广银（左三）帮助桃园进行宣传推广和改造

关键时候冲得上去

在莒南县洙边镇，刘广银除了协助分管农业创新项目、支部领办合作社、人才等项目外，还是乡村振兴服务队的一员，与其他 9 位同志一起为农村的发展出谋划策。乡村振兴服务队是响应国家乡村振兴战略所组建的，直接面向基层、深入农村、服务群众的队伍。

刘广银深知在基层的时间宝贵，必须多做实事、多做有利于长远发展的事。虽是初出茅庐的年轻干部，关键时候还是要冲得上去。为了做到产业振兴，乡村振兴服务队协助莒南申请创建省级现代农业产业园。然而因为没有前期准备，接到通知后剩余时间无几，专业规划公司如果重新调研、梳理，几乎不可能完成任务，因此不愿意接手，周围的同事也都觉得任务艰巨。刘广银主动请缨参与撰写申报书和规划书。

"如果产业园可以申请成功，当地将有3000万元资金支持，将极大推动一个农业镇的特色产业发展，一定要努力争取。"在短短几天时间里，刘广银和同事们加班加点撰写申请材料，并获得了有关部门的认可，最终申报成功。乡村振兴服务队在乡镇只待两年，等到省级产业园的建设工程真正有收益，至少要三五年时间，可能会"前人栽树后人乘凉"。但服务队认为，"只要是符合当地长远发展、能真正给当地百姓带来收益的，我们就要去做，就是要做这种架桥铺路的项目。我们不做，谁来做呢？"而作为一名乡镇的挂职干部，面对"镀金论"，刘广银说，"我下基层不是为了镀金，而是真正身处其中、发挥能力帮助地方做实事"。这种"功成不必在我，但功成必定有我"的担当，极大激发了当地干部群众干事创业的热情。

把农民组织起来

刘广银服务的镇有"南茶北引第一镇"之称，是北方茶的优质产区，但是近年来因管理不当，茶园面积萎缩、茶叶销售困难。服务队认为，当地发展必须要发挥优势特色产业作用，做大做强茶叶产业。虽然茶叶从种植到可采收需要三四年的时间，但服务队还是支持当地新建、改造优质茶叶园地数千亩。刘广银经常到茶农家里了解情况、到茶厂里与工人交流，看看茶产业发展到底面临什么样的困难。经过调研论证，服务队认为，要充分发挥党员的带头作用，把当地农民组织起来，改变茶园分散粗放管理现状。

就在对当地开展合作建设一筹莫展时，刘广银到服务的各个村做工作，与村支部书记反复讨论把茶园纳入合作社的可行性，研究策划合作社建设方案，特别是村民们陌生的"股份制"。经过做工作，镇上支持合作社发展茶叶、地瓜等特色农产品。"为了群众、依靠群众、发动群众，是我们做好乡村经济发展的法宝。"在合作社设计时，他们坚持一切从实际出发，采用一村一策的方式，让参与的人员确实有收益，但是也必须有投入，坚决避免以往出现的"空壳社"和"占干股"等形式主义问题。

终于，合作社建起来了，茶园也有了。然而，销售却成了最大的难题。刘广银认为："有了销路，能卖个好价钱，大家才会有生产的积极性和主动性。"服务队策划成立合作社联合社，刘广银和乡镇工作人员一起做方案、做设计图、改造场所，很快成立了品韵洙溪合作社联合社。联合社在农产品生产管理、销售、品牌打造等环节发挥作用，实现了小农户与大市场的有效衔接。他们通过党员带头，把农民组织起来，创新了集体经济发展形式，为乡村走向振兴做好了铺垫。

刘广银（右一）与支部书记研究讨论党支部领办合作社事宜

急百姓之所急

工作中，刘广银常常强调服务要坚持问题导向，主动发现老百姓的需求，积极解决生活中遇到的难事儿、急事儿。

2020年年初，突如其来的新冠疫情打破了新年的安定祥和。大年初三，刘广银回到镇里的岗位上，希望为抗击新冠疫情贡献力量。刘广银想到各地实施的隔离措施势必影响镇上的农产品销售，因此在做好疫情防控的同时，他发动各村统计滞销农产品情况，得知地瓜等农产品滞销严重。特别是在一次走访时得知，农户储存的10万斤地瓜已经腐烂了三分之二，着实让人心疼。当地地瓜年产量达数千万斤，如果滞销持续下去，农民将面临严重的经济损失。刘广银赶紧对接知名新媒体平台、商超、网店等渠道，帮助洙边镇推销地瓜。在网上发布地瓜滞销信息后，当天就有数十个客户咨询采购，"这边都有什么品种？什么价格？"刘广银耐心询问需求情况，逐一对接瓜农，对紫薯、小花叶、烟薯等25个品种了然于心。他又联系了在外地的青年电商创业者，力邀他们回家乡销售地瓜，几周内便销售数百万斤。他积极帮助协调快递、运输难题，只想着"绝不能让地瓜烂在地窖里"。

刘广银（左一）到农户的地瓜窖里查看地瓜存储情况

后来，多家媒体对其"云端卖地瓜"进行报道，当地也传开了有位卖地瓜的副镇长，大家都深刻体会到电商对拉动农产品销售、提高农民收入的巨大作用。刘广银向当地建言，"要扶持好当地电商，包括那些接近'00后'的年轻老板，他们是乡村振兴事业中不可多得的人才"。这给当地带来新的发展思路，做农业也要"赶时髦"，更需要年轻力量加入。后来得知有两位大学生有志回家乡发展农业，刘广银积极做好服务，帮助他们办理证件、协调场地等，创办了农产品公司，发掘扶持这些乡村振兴的"动力源"。

做好工作最大的底气来源

在乡镇，刘广银除了跟着服务队做一些"大项目"，还会主动做一些"小事儿"。

"最是小事儿暖人心，党员要多做些看似不起眼的、却急百姓所急的'小事儿'，让百姓感受到党的温暖，群众的事儿都不是小事儿。"他组织了沂蒙茶溪川首届绿茶节，导演了"弘扬中国精神"文化演出，帮助敬老院修建浴室、解决车辆出行难题，组织小学生科普研学，对接成立临沂首家清华大学乡村振兴远程教学站……这些"主动找事儿"的案例还有很多。有人说："你在乡镇真是太充实了，这么拼有什么好处？"他回应："我下基层的目的就是做事，老百姓的困难解决了，大家支持认可，给我更好地工作带来底气，这就是好处。"

刘广银（右一）看望慰问孤寡老人

有一位种地瓜的农户，人称"薯大婶"，很感激刘广银忙里忙外帮助其解决地瓜滞销问题，每次见到刘广银都亲切地喊他"刘书记"。后来镇上组织一些农产品推广宣传活动，她都很愿意出面帮忙。"长期检验我们工作的是老百姓，我在他们眼里就是一个愿意帮助百姓解决困难的好青年、好同志。"刘广银认为，服务队真心实意地去为大家做事，这种真心、暖心老百姓自然会感受到，会更加支持拥护党。

为新征程做好准备

乡镇有着独特的乡土文化、情感基础和运行法则，在这里工作上手快慢，与早期成长环境、学习经历分不开。刘广银介绍道，有些能力可以在清华得到很好的锻炼，并一直受用。在校期间，他对社会调研饶有兴趣，参加了多次实践，选修了社会学领域课程，"没有调研就没有发言权，调研是必须练就的本领，掌握真实情况才能拿出有效措施"。刘广银深感研究能力在公共服务工作中的价值，"同学们即使以后不做科研，在校也要做好科研，科研过程中训练出的研究分析能力对解决问题有很大帮助"。作为一名工科生，他广泛学习经济、产业等相关知识，在校期间还担任了党支部书记，这些经历对后来工作产生了积极影响。他也希望同学们在做好专业的同时，多向各行业前辈请教学习，多去感知中国、走向世界，早些确立志向，并为踏上新征程做好充分准备。

采访 | 魏海龙　朱淑媛　张蓝文　牛起超

撰稿 | 朱淑媛　徐亦鸣

刘　帅：

燕赵大地，守土有责

人物简介：刘帅，清华大学自动化系2011届本科毕业生，清华大学自动化系2017届博士毕业生，清华大学学生领导力"唐仲英计划"一期学员。在校期间曾任校学生会副主席，自动化系团委书记，校团委实践部、宣传部辅导员等。曾在广西田东县林逢镇挂职镇党委副书记半年。2017年博士毕业后选调到石家庄市鹿泉区委办公室，2019年初任晋州市营里镇党委副书记、镇长，2020年4月任晋州市营里镇党委书记，2020年10月调任保定市清苑区魏村镇党委书记。

　　他曾通宵冒雨，消除城市每一个内涝点，也曾深入地下十数米查看盾构挖掘，畅想地铁四通八达的国际庄。他曾助力滹沱河边沙石垃圾变成百里绿廊，也曾建言献策主笔撰写15000字《石家庄市轨道交通发展报告》，终被市政府采纳……

　　京津冀协同发展、雄安新区、冬奥会，河北省迎来了千载难逢的发展机遇，建设"经济强省、美丽河北"，需要更多青年助力。2017年，刘帅选调河北，坚定扎根燕赵大地，在践行人生理想的过程中彰显使命担当。

在奉献中收获成长

　　从入学时作为新生党员主动帮助班级同学，到在校团委、校学生会、院系承担工作，再到成为独当一面的辅导员，7年的学生工作经历，使刘帅在服务奉献中由衷地感受到快乐与成就感——既能够给同学们带来收获，与此同时，也能让自己不断成长。在这一过程中，刘帅投身公共服务部门的念头开始发芽，他成为"唐仲英计划"的第一期学员，对自己的人生做出了新的规划。

2014年，刘帅被学校选派到广西田东县林逢镇挂职镇党委副书记，配合分管矛盾调解，分包3个村的工作。半年时间里，他首次体会到了基层公务员的责任和担当。

"在基层直接面对老百姓、服务群众，和在学校里做学生工作相比，更难、更有挑战，但是做成了之后，也更有成就感。"刘帅说，"我是奔着服务去的，不是奔着安逸去的。"

于是，尽管在河北省定向选调笔试成绩中名列前茅，他在省直、市直机关和县市区当中，毅然决然选择了后者。直奔基层、服务群众。

2017年，刘帅进入石家庄市鹿泉区委办公室，并很快被组织安排到石家庄市政府办公室工作，先后参与城市管理、园林绿化、轨道交通、脱贫攻坚和农林水利等工作。其间，他主笔撰写15000字的《石家庄市轨道交通发展报告》，阐述石家庄市轨道交通建设运营情况和问题，建议将二期规划由80公里调整到60公里，最终被市政府采纳。

那一年多的时间里，他几乎没有在零点前睡过觉，也很少在7点后起床，晚饭几乎都是在晚上8点以后吃，周六日经常不休。

"我的博士生导师开玩笑说，我要是早这样，至少能提前一年毕业。"刘帅笑道，"正是这样高强度的锻炼，让我迅速成长为一名合格的公务员，熟悉了机关运行的机制规则，也深深地了解了石家庄、爱上了石家庄。"

2019年2月，刘帅如愿来到基层，调到晋州市营里镇工作。初到乡镇，他深知自己缺少农村工作经验，唯有比大家跑得更勤、走得更深，才能尽快了解情况。于是，刘帅时不时就去村里，走过了12个村的大部分背街小巷，去过60多家企业，对镇情村情越来越了解，对村民的脾气性格也越来越熟悉，到后来，他不仅能听懂营里话，还能地道地说上几句。

"接地气，才能有底气"，刘帅很快融入基层，进入了工作状态。

在挑战中谋求发展

担任营里镇镇长一年多后，2020年4月，刘帅接任镇党委书记。在营里镇工作的一年半时间里，刘帅和镇村干部共同创造了一项项亮眼成绩：加快调整农业产业结构，引进了占地200亩的高端养殖小区；引导扶持企业提升管理智能化水平，涌现出两家石家庄百强企业；结合"直播带货"新风尚，开设直播间，带领村民直播销售书画作品，一年收入近百万元，成为农民增收新的增长点，营里镇"中国民间文化艺术之乡"优势得以发挥；实现了贫困户全部脱贫出列、违法占地清零，解决了十几个遗留问题；空气质量达到"良好"标准；选址在别镇的城南客运站征地遇到瓶颈，多方争取使之落地营里镇，占地27亩、投资1000万元，客运站建成后，老百姓去石家庄的时间缩短了一半。

"要敢去想，才能实现所想。"刘帅说，作为镇一级政府的负责人，他深深体会到，发展是解决很多问题的最有效手段。而要谋发展，就必须敢想敢试，把一些过去做不成、别人做不成甚至自己都觉得做不成的事做成。

"申报省美丽乡村样板村项目的时候，晋州市主推另一个村，让我镇营里村'陪榜'，我们不放弃。跟同志们熬了两个通宵，成功改成要求格式上报。这份文本，被石家庄市定为范本给其他申报村学习，营里村最终成为石家庄市入围的9个村之一，争取到了300万元支持。"提起这段经历，刘帅至今仍颇为感慨。

刘帅认为，自己扎实而不失创新的工作作风，离不开清华的学术培养。

"一直有人问我，到政府工作，博士是不是白读了？恰恰是读博期间的那些知识的积累，让我形成了钻研问题、开展研究的方法，这对于任何工作都有帮助。"

"你会主动思考这个事情有什么可行的新方向、新思路，我们先拿出一点来试一试。我想这是很重要的。我们到基层，一方面是自身的成长，另一方面也确实想做一点贡献。而想要做出这一点贡献，不求变是不行的。"

在大考中体现担当

2020年年初，新冠疫情蔓延。大年初二，刘帅乘坐高铁、地铁、飞机、汽车，几经辗转，赶回工作岗位，投身疫情防控"阻击战"。

营里镇电缆、机械加工企业较多，在全国很多地方都设有生产地或销售网点。经过细致摸排和上级推送核实，营里镇从武汉返乡人员200人，占到晋州全市近40%，工作压力很大。在镇党委书记的领导下，镇村干部全部冲到一线，严格落实各级工作部署，迅速制定实施了"内防扩散、外防输入"的工作方案。刘帅坚持"一竿子插到底"，多次直接到武汉返乡群众家门口打电话核实是否在家，隔门对话了解和解决其生活困难；半夜到检测点查看在岗情况，提前几百米停车，由本人或请其他同志步行进村，检查值守情况。

那些夜里，营里镇政府一楼会议室灯火通明，刘帅每天带领一群年轻干部校对当天摸排、核实的人员信息，录入系统、打印归档，由于信息核实工作通常是晚上布置、次日一早报结果，加班到一两点是常有的事。他擅长计算机操作，时常利用Excel函数等操作简化镇村干部的工作流程、确保信息录入的精确性，其他乡镇时常等着抄营里镇的"作业"。

作为系统工程研究所毕业的博士，刘帅认为，战"疫"是一项系统工程，不仅要关注前方的战况，还要重视物资的储备；既要意识到短期的急迫性和紧缺性，还要考虑到长期的艰巨性和可持续性。于是，营里镇很早就储备了口罩、一次性手套、消毒液等物资，并保持动态储备，确保了镇村一线工作人员的防护。

刘帅（左二）和工作人员一起摸排人员信息

刘帅的妻子在清华大学工作，2020年2月初时要进行一个小手术，需家属到场签字。他没有跟镇里任何人说，只是托人沟通，举着身份证拍了照片发过去，就当是"到场"了。他心里有些酸涩，觉得对不住一直理解、支持自己工作的妻子，但他深知，疫情就是命令，防控就是责任，在全镇 36000 人的生命安全面前，个人再大的事也是小事，再多的困难也都能克服。

回望那段时光，刘帅认真地说："疫情就是和平时期的'战争'，战争到来时，年轻人责无旁贷，党员更应该冲在最前面。辛不辛苦要问值不值得，守土尽责，保一方平安，就是我们基层人最大的值得。"

2020 年 10 月，刘帅调至保定市清苑区魏村镇继续担任党委书记。他迅速熟悉情况，带领同志们渡过全域"双代"、河北疫情进入战时状态等难关，高标准推进村"两委"换届、人居环境整治、党史学习等重点工作，各项工作在清苑区位居前列。刘帅始终相信，道阻且长，行则将至，只要不忘初心、牢记使命，一心一意谋发展、实事求是解难题，清华人在基层就大有可为，也一定大有作为。

采访 | 郭栩　柏卓彤　李鸿运　刘若阳

撰稿 | 柏卓彤　黄思南

刘静琨：

没有服务这个专业，但有服务这种情怀

人物简介： 刘静琨，清华大学电机系2012届本科毕业生，清华大学电机系2017届博士毕业生，清华大学学生领导力"唐仲英计划"一期学员。2017年夏天成为河北省定向选调生，并且向组织申请去乡镇一线工作，现为河北省廊坊市香河县安头屯镇党委副书记、镇长。

"基层的历练非常必要。只有扎根基层，把基础打实，以后的工作才会更加游刃有余。"带着"为官一任，造福一方"的情怀，刘静琨在廊坊市香河县淑阳镇开启了他的基层选调之路。

"到难点村，练成一等一的本事"

刘静琨现在还准确地记得第一天上班的日子："那天是2017年的8月25日，非常巧的是，九年前的这一天——2008年的8月25日，是我来到清华的日子，我作为新生党员在清华报到，所以这个日子记得非常深刻。"

刚来香河县淑阳镇政府的刘静琨，被安排从事基层组织工作。一段时间后，他慢慢意识到乡镇工作中农村工作非常重要，但自己对于农村还不太熟悉。于是，他主动向领导申请"多做一些相关的工作"。镇党委很认可他想"了解农村、扎根农村"的想法，打算派他去到村里担任"第一书记"。

镇里的领导们给了刘静琨三个选择，并向他介绍了目前全镇有的三类村：

"一类是好村，你过去也没啥事儿，功劳都给你，可以天天戴红花；另一类是中档村，有点小问题但没什么挑战，基本上也都过得去；最后一类是难点村，有积累多年的比较深刻的问题，很难化解，村里的民风也不是那么淳正，在村里开展工作会遇到各种困难，工作挑战大，很难出成绩，不过也更能锻炼人，能学到农村工作的真本事。你想去哪类村？"

刘静琨毫不犹豫地选择了最后一类"难点村"，他说："我不怕苦，不怕累，更不怕难，就怕学不到真功夫。只要能把最难的村了解了，那就相当于能一通百通。既然选择了到基层一线，就要练成一等一的本事！"

就这样，刘静琨选择了公共服务事业，选择了基层，选择了河北香河，选择了前小屯村。

刘静琨（右二）在所包的村街查看修路准备情况

稳扎稳打，步步为营

前小屯村是镇里有名的"难点村"，有着复杂的历史遗留问题。种种原因导致前小屯村的党支部一直处于弱化、涣散的状态，10年没有发展过党员，党员老龄化现象严重，党支部的工作开展困难。

"先搭好骨架子，再造血"。刘静琨担任前小屯村的第一书记后，首先从党建着手采取举措。"这个村之前没怎么开展好党组织生活，那我就先从抓'两学一做'开始，每个月都定期组织'两学一做'学习活动，给党员上党课、重温入党誓词以及组织党员志愿活动，带动大家积极向党组织靠拢。"一段时间下来，党支部集体的"骨架"逐渐完善，党员的党性意识明显提高。

此外，他鼓励优秀的年轻村民递交入党申请书，为党支部注入新鲜血液，从根源上解决党员老龄化问题。通过对每一份入党申请书的修改、与每一个申请人的谈话，他了解村民，纠偏思想，扩大党组织的影响力，也为党组织注入了新鲜血液。光是其中一份入党申请书，他就修改了五次。通过这个过程，刘静琨也让大家知道党组织在踏踏实实地为每一位村民做事，并且欢迎每一位为村集体着想的村民。

除了党建工作外，只要一有空闲时间，他就去村里入户走访。到村里没多久，刘静琨就走访了所有党员、村民代表以及大部分常在村的村民。"深入最基层，才能够了解到社会治理的最本质的东西"，通过走访，他了解到村里长期积累下来的矛盾和村里不同人的利益诉求，感受到了村民的朴实与小算盘，同时也梳理出了农村工作的一些思路和方法。

从事公共服务部门的工作，考验的是跟人打交道的艺术。刘静琨说："和每一位村民打交道，重要的其实不是你理论水平有多高、能讲多漂亮的话，而是用心和用情。"抱着这种"空杯"心态，他从每一件村里事儿出发，从"村里房是怎么盖起来的"的问题问起，与村民交流，学会他们的语言，学会他们做事的方法，跟他们建立信任与友谊。渐渐地，周围的乡镇干部，村里的村干部、老百姓也认可了这位"第一书记"。他说："必须融入进去，这样才能够获得更多的东西。只有扎根下来，才是一种真的成长。"

"你完成了一件对咱们村具有划时代意义的大事！"

到乡镇工作以来，刘静琨在工作中最快乐、最有满足感的时刻，就是前小屯村党支部换届选举的那一天。

在刘静琨成为前小屯村第一书记半年后，前小屯村党支部迎来了换届选举。由于前小屯村的特殊情况，这次换届选举是对"第一书记"工作的一大考验。为了利用好这次全省统一的农村"两委"换届的机会，把村党支部班子重新建立起来，真正把讲政治、有能力、敢担当的村干部选出来，刘静琨在镇党委的指导和帮助下，进行了大量的工作，从摸底座谈到走访测评，从酝酿人选到现场开会，刘静琨力争不出一点纰漏。党员大会前，从秘密划票室里签字笔的摆放位置、会场摄像机的拍摄角度，到党员和村民代表的座位安排，甚至若场面失控请派出所民警介入的应急预案，刘静琨都进行了周密安排。功夫不负有心人，支部换届选举取得圆满成功，成为具有里程碑意义的节点，新支部班子的顺利组建，结束了这个村将近十年来支部书记需要靠镇里干部代理的局面。

"你完成了一件对咱们村具有划时代意义的大事！"这是村里退休的老干部在会后给刘静琨发的微信内容，而刘静琨用"新竹高于旧竹枝，全凭老干为扶持"谦虚地回复前辈的肯定。老人感受到了这位刚来的年轻人愿意为这个村子更好的发展去倾注精力，为改变村里的面貌而尽力付出。得到了这么一位德高望重的老同志的认可，自己的倾心付出被肯定，刘静琨当时心情特别激动，"当时我看到这条微信，就觉得这几个月工夫没白费，这个过程这些工作都非常有意义，心里特别痛快。"踏实认真地工作竟然能给一个村带来如此的变化，前小屯村从此开启了一个新的时代，这更加坚定了他在基层努力做贡献的信心与决心。

"不谋全局者不足以谋一域，不谋万世者不足以谋一时。"刘静琨看到的不只是眼前。在那天与退休老干部的微信聊天中，刘静琨还写下了这些话语："接下来的几年，村里的风气应该逐步能够端正过来，各项事务能走向正轨，新的班子一定能给全村带来一次腾飞。"

没有服务这个专业，但有服务这种情怀

在开始承担包村工作之后，刘静琨发现其所包的郭辛庄村和隔壁赶水坝村有着长达 8 年的用水用电纠纷。这一矛盾涉及两个村的利益，且有较大金额的赔偿问题，所以格外棘手。他决定要慎重处理，等待合适的时机。

首先需要通过可能途径，充分了解情况。刘静琨尝试从村会计、供电局收集可用数据，但发现这些数据都是跟电相关的，无一与水相关。

面对这样的问题，作为一名工科生，刘静琨在工作中充分发挥自己专业的优势。为了了解用水的真实数据，他很快就安排了一个实验，让郭辛庄的村干部连着抄了一周的水表，记录两个村的水量，然后又从供电局调来了这一周每天的电量，这样就可以算出水电转换的系数，还可以算出两村正常情况下的生活用水的比例，从数据上解决了这个问题。

他通过多次沟通会，拟报告、做图表、回归分析数据，甚至做 PPT 演示，

想尽办法进行调解。然而人情社会并不是回归分析出的客观数字，这涉及村民的切身利益，夹杂着两村村民的主观心情。推进解决问题的过程中，两村常有不配合的举动，但是两村代表都一次次被刘静琨巧妙地拉回到谈判桌上，最终用落到纸面上的协议文件去约束两村的行为。"这样在以后开展相关工作的时候，就相当于有法可依了。"

➤ **问题：施工是否是导致机井电费增加的原因？**

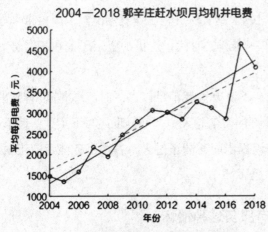

2004—2018 郭辛庄赶水坝月均机井电费

● 黑色带圆圈折线为实际数据
● 蓝色直线为根据 2004—2009 年数据的拟合曲线
● 红色虚线为根据 2010—2018 年数据的拟合曲线

➤结论：
• 赶水坝村提供的数据显示，在施工开始前，用电量增加的趋势已经十分明显。
• 2010 年施工开始之后与 2009 年没有开工之前相比，用电量增加的趋势并没有明显地加剧；增速反而比开工前减缓了。

注：由于电价不变、机井工作深度不变，机井电费与抽水量存在线性关系。

刘静琨在沟通会上展示的数据分析结果

没有服务这个专业，但有服务这种情怀，清华给予他解决问题的思路，服务情怀给予他在困难工作上的坚守。解决纠纷是件很复杂、很糟心的工作，但刘静琨用"精彩"一词进行总结："整个问题解决下来，是一个斗智斗勇的过程，当然细节远比说的要精彩得多。"

不忘初心、苦中有乐，在磨砺中成长

在扎根基层最开始的时候，刘静琨希望自己能练就的本事主要包括两个方面：

"一是对于农村的洞察力，能够很快地把农村的具体事情想清楚，明白它背后的原因；二是开展工作的能力，就是了解了这件事情的前因后果，知道这件事背后的一些情况之后，你得想办法把这件事情给解决掉，这也是解决问题的能力。"近两年下来，刘静琨在基层的确学到了不少知识和本事。

与之对应的是基层工作条件相对艰苦，"难点村"问题繁多，压力颇大，刘静琨在工作中当然不乏受挫和无奈的时刻。但是近两年下来，在被问到"是否想过放弃、是否有过后悔"时，刘静琨依然毫不犹豫地摇头。

"可能真的是因为不忘初心吧。因为我觉得从事公共部门的工作，其实最重要的事情就是你有为人民服务的想法，然后你想通过你的努力，让更多的人去过上更好的生活，通过你自己努力，让国家社会变得更好。我觉得这个才是最重要的，这就是初心。"

"基层工作的苦和乐得看你从哪方面去分析、从哪方面去想。如果你觉得在基层成长收获是快乐的话，其实每天都很快乐。"

"永葆初心，苦中有乐"，这是刘静琨作为一名基层选调生对于服务这种情怀的回答。

刘静琨（右三）参与农村党支部换届选举大会

"有辅导员的经历，你看很多问题的角度会不一样"

在清华，刘静琨还担任过本科班大一的班长。2009年国庆是中华人民共和国成立60周年，在他的动员下，他所在的电84班有超过一半的同学参加群众游行"科技发展"方阵，光荣地从天安门前走过。大二的时候，刘静琨开始担任党支部书记，在细致认真地完成党建工作的过程中，他也积累了丰富的支部工作经验。在博士生阶段，他又担任带班辅导员。"我当时是新生辅导员，带班确实很辛苦，尤其是带大一军训，每天要处理很多事情，睡得非常晚，起得非常早。"担任"双肩挑"辅导员，带给他的不只有辛苦和有成就感的记忆，更多的是看待问题的能力的提升。"有辅导员的经历，你看待很多问题的角度就会不一样。一个带班辅导员，看的是整个年级的同学的全貌，会关注到那些各方面都表现优秀的同学，也会关注到那些相对后进的同学，还会了解成绩中游的同学有怎么样的想法。"

辅导员经历也潜移默化地对刘静琨现在的基层工作产生了影响。"农村的很多工作不好做，基层的很多工作不好做。把在学校的历练中获得的认知迁移到基层工作中，我对很多事情的看法更客观、更全面了。"

刘静琨大四的时候就加入了"唐仲英计划"，成了该计划第一期的学员。"唐仲英计划"的培养让他掌握了公共服务的基本知识与能力，更坚定了投身公共服务部门的志向。

"毕业投身于基层治理的工作，有很多东西需要去学、需要去悟、需要去体会。更多是要用感情去做工作，用心去做工作，这样才能真正地去融入基层，真正地去交朋友，然后才能够把工作开展好。"这是刘静琨对"唐仲英计划"学员的勉励与叮嘱。

临近校庆，刘静琨也更加想念清华。他寄语母校清华："能够培养、引导和鼓励更多优秀的学弟学妹们投身基层、扎根基层、奉献基层，切实地提升基层的治理能力，把清华精神带到基层，为把整个国家社会建设好，做出我们清华人应有的贡献。"

采访丨马昕　柏卓彤　李鸿运　张若瑜

撰稿丨柏卓彤

杜玉梅：

在基层，不做"大炮"，要做"微生物"

人物简介：杜玉梅，清华大学生命学院2014届博士毕业生，清华大学学生领导力"唐仲英计划"一期学员。杜玉梅作为福建省2014届引进生，由宁德市委组织部下派挂职任福建省福鼎市人民政府科技副市长。2016年11月至2017年11月期间，担任福建省商务自贸试验区综合协调处副处长；2017年11月至2020年11月期间，担任福建省商务厅外资管理处副处长；2020年11月至2021年4月，担任福建省商务厅外资管理处三级调研员；2021年4月至今，担任福建省商务厅自贸试验区政策研究处三级调研员。

2014年，带着"不怕'冷板凳'，把'冷板凳'坐热"的准备和决心，杜玉梅离开清华校园，南下赴福建就职，成为广大选调生中的一员。

在福建的8年，杜玉梅"建组织，创品牌，搭平台"，助力大学生创新创业；"谋创新，优服务，建政策"，提升招商工作服务水平。怀着对社会服务工作的热忱之心，杜玉梅正在八闽大地奉献青春，挥洒汗水。

奔赴基层：坐10年冷板凳，我也能忍住

从班长到研会主席，再到研工组助理，杜玉梅在学校期间承担了许多活动的组织工作，也为院系研究生会开创了许多流传至今的特色传统。无论是博士生论坛，还是其他的院系工作，杜玉梅都处理得井井有条，校园中的社会工作让她不断提升自己的能力。

杜玉梅在校期间，得知"唐仲英计划"申请即将启动，她便积极申请并最终通过考核成为第一期学员。"唐仲英计划"组织的经验分享活动、提供的社会实践与基层挂职机会，给校园里的杜玉梅打开了了解公共服务部门的一

扇窗，也让她对基层工作有了更冷静客观的体会和更充分的思想准备。

　　一次分享会上，一位曾在基层挂职的师兄讲述了自己的基层经历。刚到单位时，单位领导对这位年轻且毫无工作经验的人并没有太多了解，便只分配了收发文件、打扫卫生、端茶倒水之类的闲杂事务。"换哪个年轻人都可能会不服气：这种工作连初中生都可以做，我为什么要做这个？"但身处岗位中的师兄很快转变了心态，他带着完全空白、从零开始的谦虚态度开展工作，"在哪个位置，就在哪里学习"。

　　杜玉梅对这位师兄讲过的一句话记忆犹新："看文件也是一个学习和思考的过程。每看过一份文件，对工作岗位的了解就多一分，之后有合适的机遇或场合，学过的东西就能派上用场。"基层工作中，处处有学问，处处可以学习，如果遇到"冷板凳"，要做的不是抱怨或不满，而是学会"把冷板凳坐热"。

　　师兄讲述的故事，让杜玉梅对基层工作的琐碎日常有了认识，也启发了她在平凡琐碎的工作中发掘潜在机遇的信心。在奔赴公共服务部门之前，杜玉梅就做好了充分的思想准备。

　　回想起当时的念头，她说："决定到基层工作，就已经做好了'最坏的打算'，大不了就坐冷板凳。如果坐10年，我能不能忍得住？我能忍得住，所以我来了。"

杜玉梅组织跨国公司对接会

在基层成长：多学多思，沉心静气

杜玉梅刚到福鼎工作的时候，前一两个月都在跟班学习或是替领导开会。"虽然很多人会觉得开会很没有意义，但我觉得在开会过程中可以学习到很多东西，了解各个领导和相关部门的工作情况。"杜玉梅说，任何一份工作都是难得的接触信息、了解情况的宝贵机会。此外，杜玉梅也积极参加下乡调研，"把辖区内所有乡镇都走了一遍，对辖区乡镇的经济发展情况、产业情况都有了一个基本的了解。"

从跟班学习，到协管工作，再到独当一面的接手分管，是一个慢慢演变的过程。跟班学习和调研之后，杜玉梅开始协管农业旅游，再慢慢分管科技工作，随后又接手了大学生创业、电子商务、文体、教育等工作。在这样一个"打怪升级"的过程中，曾经担任研会主席的杜玉梅也把校内组织活动的工作方式带入其中。

杜玉梅把自己在基层工作的"打开方式"重点归纳为三个方面："建组织"，建立大学生创业联盟、电子商务联盟，强化大学生创业和电商聚力发展的组织支撑；"创品牌"，杜玉梅为了打开工作局面，创办了大学生创业宣传日、网购体验日等品牌活动，为促进宁德市大学生创业和电商发展提供了"福鼎经验"；"搭平台"，杜玉梅在建组织、创品牌活动的基础上，进一步在当地建设了近2万平方米的福鼎市创业创新中心，集市电子商务产业园、市大学生创业园、市文化创意产业园为一体，成为创新创业的孵化器、聚集体。通过这些方式把工作一点点铺开，在这基础上把工作做好做踏实。

刚刚到基层怎么做，怎么去适应，怎么去成长？杜玉梅将自己的工作经验总结成了一首顺口溜："多学多思多总结，沉心静气待机遇。点面铺开切莫急，把握重点创新绩。"杜玉梅说，刚开始工作的时候，要怀着谦虚的心态多观察、学习、思考，看别人如何说话做事，然后总结其中的思路和逻辑。等到真正开始做事，就一定要沉住气，多积累，等待好的机遇。"从小事做起，一点一点铺开。"

杜玉梅（左二）为福鼎市创新创业中心揭牌

疫情之下：支援大局，改进工作

在调到商务厅工作之后，杜玉梅有过两次岗位调整。在2020年，杜玉梅也投入新冠疫情防控和经济发展的相关工作中。在疫情防控之下开展工作，杜玉梅总结了三个重点，一是"谋创新"，二是"优服务"，三是"建政策"。

在工作上求创新，杜玉梅从多个角度积极革新工作方式，力图便捷沟通、增进实效。疫情防控期间，交通不便、隔离为先，各类云上会议软件技术支持有了很大发展，杜玉梅将其应用进招商引资的联络活动中，创新招商引资方式，开展云招商、云对接、云签约等活动，巧妙地解决了无法面对面交流给招商活动带来的困境。

在加强服务企业方面，杜玉梅将工作重点放在挂钩帮扶重点外资企业和重点项目上，了解企业或项目在推进工作过程中有什么问题困难，及时协调解决。

除此之外，杜玉梅也注重发挥政策的支持作用，加强政策研究和宣贯落实。疫情防控期间，杜玉梅所在部门通过提高奖励比例等手段加大对企业的财政奖励，刺激企业加快到资。同时，积极联合税务、外汇管理（外资企业资金使用）等部门加大对外资优惠政策的宣传解读，线上线下结合，开展"云宣讲"，制作"一图读懂"外资政策微信版，组织政策巡回宣讲，深入企业送政策送服务。她希望能通过这些努力，让政策能够切实有效地抵达企业端，也能让更多企业享受到政策红利，帮助企业对冲疫情带来的负面影响，共同渡过难关。

杜玉梅（左一）与企业进行座谈交流

"我来自农村，一路走来，得到过很多人的帮助和支持。"这也是杜玉梅尽管在毕业季拥有诸多工作机会，却依然选择前往公共服务部门工作的原因。她希望借由公共服务部门的平台，靠自己的力量去帮助更多的人，"给社会带来一点小小的改变""做一些实实在在的事情"。

福建的引进生政策吸引了大批人才，杜玉梅作为其中一员，也对这个日益壮大的群体所带来的影响、改变深有感触。

有人会问：这么多选调生、引进生到福建来，到底有没有效果，能不能对社会产生一些影响或改变？

杜玉梅的看法很简单："单个人的力量是很微弱，但大批量人才的汇聚，经过长时间的积累，会对地方的政治生态和经济发展产生积极的影响。"她用爱国实业家卢作孚说过的一句话来做比，"不要做'大炮'，要做'微生物'，慢慢地去影响、改变社会。"

　　"我也是这样，不求做一番惊天动地的事业，只求做一个'微生物'一般的角色，为更多的人带来有益的影响，为社会贡献自己微薄的力量。"杜玉梅对自己的工作满怀期待与用心，"做到这样，就算是实现自己的人生价值了。"

采访丨邓双繁　张立榕　韩储银　朱强

撰稿丨朱强　徐亦鸣

李尔斯：

明德为公守初心，勤学善思担使命

人物简介： 李尔斯，清华大学公管学院 2019 届硕士毕业生，清华大学学生领导力"唐仲英计划"六期学员。2019年硕士毕业后成为湖北引进生，目前工作于湖北省武汉市蔡甸区消泗乡。

蔡甸区消泗乡，位于武汉市最西南角，全乡面积 143 平方千米，是一个贫困农业乡。2020年新冠疫情的暴发，给刚走出校门踏进农村的湖北引进生李尔斯带来了一场又一场考验。

明德为公，在抗疫大考中坚定理想信念

要在基层岗位上有所作为，就要有主动服务的意识。武汉市宣布封城的两天前，李尔斯刚好回到省外老家，得知封城消息后，她与主要领导反复沟通回乡意向，但因政策要求，仍无法第一时间返回工作岗位。想到坚守一线的同事们，她的内心无比焦急，只能每天与乡镇同事、城内朋友保持联系，并在第一时间联系了仙桃市口罩供应商，给乡政府购置应急物资提供了渠道。新冠疫情暴发后，清华湖北校友会征得校友总会同意，迅速成立抗疫志愿服务团。她得知消息后，果断报名成为抗疫志愿者，在志愿服务团中，她同时是两个小组的成员，主要承担汇总抗疫需求、沟通物资运输、关怀特定校友等任务。

"做物资运输的搬运工"。疫情暴发初期，多家医院都面临着不同程度防护物资匮乏的情况，李尔斯与组长商量，优先按照是否为定点医院、地理位置远近、运输距离长短等条件制定物资分配计划，以需求为切入点，联系校友企业，获得宝贵物资。实际运输过程中，由于政策要求，她每次都会提前

联系当地政府获取通行路条，并挨家联系单位取得接收函。伴随着全国援助湖北行动的扩大，和志愿团其他成员一样，高峰期她每天要接打上百个电话，晚上睡觉前往往声音嘶哑。在全体志愿团成员及社会各界的共同努力下，在1个月左右的时间里，160余台呼吸机、15万个口罩、500余吨生活物资等从全国各地成功送到了湖北省30余家医院的医护人员、机关单位工作人员和社区居民的手上，为他们解决了部分急难问题。

"单位需要我，我得回去"。当蔡甸区号召武汉市外党员干部返回工作岗位的通知发布后，李尔斯第一时间就申请了返工证明，自驾返回武汉。到岗后，李尔斯立即投入到一线疫情防控工作之中。当时，消泗乡有部分村发现新病例，为牢牢守住防线，检查这些大家都"不敢去"的村庄及其他重点哨口封控情况成为她每天的常规工作。"每天都要和同事分批到不同村里去暗访督查，这些村有过病例，大家比较恐慌，但是我作为挂职干部更需要带头履行职责。"在武汉市疫情逐步得到控制后，政府对人员流通规定进行了调整，这时候，李尔斯主动承担了为确有需要离乡的村民开具通行证明的任务。因为担心万一接不到村民的电话，就无法及时对出村必要性进行审核，她连续40余天不敢在夜里12点前入睡。在彻底放开城内交通管制前，她为40余名离乡的村民及时开具了证明。

李尔斯（右三）巡查卡口并开展防疫宣传

武汉胜则湖北胜，湖北胜则全国胜。通过贯彻最全面、最严格、最彻底的防控措施，武汉市实现了"封一座城、护一国人"的目标。在全体党员干部的奉献坚守下，消泗乡在3月底申报了"无疫情乡"，她也在抗疫大考中淬炼了政治能力，磨炼了意志毅力，坚定了理想信念。

勤学善思，在基层历练中练就过硬本领

要在基层岗位上有所作为，就要与时俱进练就过硬本领。

"为民服务，弘扬拓荒牛精神"。在乡镇工作以前，李尔斯和许多年轻女学生一样，怕狗、怕黑，但工作一年多来，经常下村入户的她已经习惯了在狗吠声中独自走夜路，并且很快学会了当地的方言，可以顺畅地与群众沟通交流，便于进一步理解农民需求与农村实际。来到基层后，她运用专业知识撰写了多份调研报告，供上级决策参考；结合团委工作创办线上暑期学校，服务当地留守儿童；参与脱贫工作遍访上百贫困户，关心他们的脱贫现状；创新农村党建工作方式，激发群众自治热情……她深知，新发展阶段"三农"工作依然极其重要，全面推进乡村振兴、加快农业农村现代化建设是全体干群一以贯之的努力方向。

"创新发展，弘扬孺子牛精神"。为了尽快适应农村工作需要，她努力在三大基础关口上着重发力：一是培养学习习惯，养成每日读书阅报看新闻的习惯，掌握党的大政方针政策以通"上情"；二是提升表达沟通水平，能说话、会说话、说好话，才能更好地与群众沟通，为老百姓办实事、办好事、办成事。因此，她一有时间就跟着各个线条、各个部门的领导下村工作，提出创新观点，观察不同的人解决棘手问题的方式以晓"下情"；三是培养思考习惯，每月就自己参与的重点工作、分管工作和包村工作进行独立思考，就基层热议的各类话题撰写20余篇新闻报道，不断提高自己分析问题、解决问题的能力。

"艰苦奋斗，弘扬老黄牛精神"。2020年6月底，连日大雨使得全乡防汛压力陡增，全乡五大民垸的水位在很短时间内便超过历史最高值。时值盛夏，蚊虫蛇鼠很多，且堤防上的路因连日浸泡在水中，淤泥甚多，很不好走，但她主动请缨和防汛指挥部的男同志们一起驻守在堤防上，不分昼夜上堤巡查

水位和协调处理险情，从不喊苦叫累，持续坚守 20 余天，承担了协调部门、对接物资、调配人员和信息撰写等多项工作。

"民有所呼，我有所应"。洪水退去后，李尔斯主动接手了一个"矛盾突出、信访不断、群众意见较大"的进洪村的汛后救灾工作。由于一些客观原因，该村在集中转移村民时并未进行登记造册，因此，在界定"可以享受转移安置补贴"的对象时便出现了较大争议。一开始，大多数村民并不理解政策初衷，纷纷上访、申请补偿。经她与救灾专班成员反复讨论政策初衷、结合转移安置实情，最终得出一致结论：转移安置补贴并非普惠性政策，它设立的初衷是对那些若不及时转移、生命就会因洪灾而面临威胁的群众进行适度补偿。"谋定而后动"，她决定从村干部这些"关键少数"入手解决问题。她首先征求了乡镇主要领导意见建议，其次请动经验丰富的乡镇前辈，和村委面谈研判局势，打消重重疑虑，化解信访矛盾。同时，她组织救灾专班成员，分组下沉到村到户到人，作深做实做细群众工作，依法依规逐一给予回应，切实保障群众合法权益。最终，这一艰难任务迎来理想结局——救灾专班拿出了一份让村民满意、让上级认可的救灾方案。群众利益无小事，在基层实践的大熔炉中，她通过深入学习习近平总书记关于站稳人民立场的重要论述，主动参与各项工作，不断提高能力素养。

李尔斯（右三）与当地群众一起铺设护堤防浪布

要在基层岗位有所作为，还要做到理实结合。深受在基层奉献一生的家人影响，李尔斯在进入清华大学学习后，第一时间报名了清华大学学生领导力"唐仲英计划"，通过学校、学院与"唐仲英计划"提供的课程、实践和挂职等途径，在毕业前就对去到地方基层工作有了较强的信心。她深知，只有通过深入基层、服务群众，才能真正把学习成果转化为发展动力，把公共政策在基层落实落细。逐梦路上，自己取得的每一分进步，都离不开组织的关怀、领导的支持、同事的帮助与群众的信任。

浩荡江河，奔流入海，习近平总书记宣布我国取得脱贫攻坚战全面胜利的场景历历在目。离开校门，又进新门，疫情过后的湖北省正奏响加速发展最强音。历经艰难困苦洗礼的武汉人民，未被任何困难吓倒，而她作为其中的一分子，笑容更舒展，心态更平和，目标更明确：明德为公守初心，勤学善思担使命，用个人的进步向建党一百周年献礼。

采访 | 牛起超　王瑜琪　马昕　陈怡莹　罗诺

撰稿 | 王瑜琪　黄思南

杨硕帆：

在西藏工作，稀缺的是氧气，宝贵的是精神

人物简介： 杨硕帆，土家族，清华大学法学院2014届硕士毕业生，清华大学学生领导力"唐仲英计划"二期学员。2014年毕业后通过人才引进到西藏自治区党委宣传部工作至今，主要承担机要保密、文稿起草、会议会务、业务协调、督查督办、未成年人思想道德教育、志愿者服务等工作。

"选择西藏，就是选择了理想、选择了事业，就是用决心、用毅力、用自己的青春去响应习近平总书记'让青春之花绽放在祖国最需要的地方'的号召，脚踏实地成为能够仰望星空的人。"杨硕帆，这个硕士毕业后放弃在京高薪工作、决然前往西藏扎根基层的土家族姑娘，如此说道。

转变角色，克服外在内心困难

在清华读书期间，杨硕帆便熟读党史，积极参与各类相关课程，并加入"唐仲英计划"，日益坚定了投身公共服务事业的决心和信心。杨硕帆是家中的独生女，父母难免不舍，但最终还是被她眼中闪烁的热情与坚持打动。

2014年，杨硕帆顺利通过考试，与西藏自治区党委宣传部签订了就业协议，就这样，她孤身一人却满怀热情地跋涉千里来到了西藏。经部务会研究，杨硕帆被分配到部办公室从事文秘督查工作。

正当她摩拳擦掌，准备迎接新的挑战之时，强烈的高原反应就先给杨硕帆上了一课——失眠、气短、心慌、头痛接踵而至。面对高寒缺氧、水土不服导致的心悸、胸闷，她没有畏惧，只是学着身边的前辈，手边常备复方丹参滴丸和速效救心丸，毕竟，"清华人怎么能被这些不舒服打倒呢？"

"清华人"的"头衔"，一方面时刻激励着杨硕帆积极面对艰苦的客观环

境，一方面却又不时令她倍感沉重，名校光环、领导和同事的期冀和鼓励，既是幸运，也是压力。

"不能给学校丢脸！"杨硕帆暗暗跟自己较劲。

为了尽快成长，她没日没夜地学文件、看资料，把各大官媒社论、评论员文章和习近平总书记的重要讲话摘抄下来贴在书桌上，再整理摘录，成为一本本厚厚的笔记。上班时间是九点半，她坚持每天早上六点起床晨读，在一遍遍熟读背诵中，不断强化着对理论的学习。她还虚心向各处室的领导同事求教，仔细观察、努力钻研，并专门准备了一个笔记本，用于记录每天的工作计划、完成情况和工作中的重要事项。睡前，她会以此回顾这一天的收获与教训。每周末，再进行一次自我总结，从而快速积累经验，不断强化对机要保密、哲学社会科学、文学艺术、新闻传播等基本业务知识的了解，实时掌握国内外形势、区内外大事，同时快速掌握文秘会务和公文处理的基本规则，使自己成为"头脑清醒的宣传干部"。

当然，现实的困难总比想象的还要多。

参加工作的第一个农历新年，杨硕帆依照惯例留在拉萨值班。腊月二十九的晚上，她忽然接到自治区党委紧急通知，自治区领导第二天要去几个系统单位考察慰问、安排节日期间工作，接到电话的她，一刻也不敢耽误，随即告知各单位报送背景材料并做好准备。

"起初还算顺利，各单位领导大多客气且配合。但通知到某单位办公室主任时，对方不等我的话说完就开始发飙——'这大过年的，我上哪里去找人给你加班！等着吧！'"杨硕帆坦言，面对对方的不理解不配合，自己也只能吸吸鼻子，不厌其烦地做好解释工作，但心里的委屈却还是怎么也挥之不去。

这样的不甘在大年三十晚上与父母通完电话后被放大到极致，面对窗外的万家灯火、烟花灿烂，杨硕帆的眼泪再也忍不住了。她抱着胳膊号啕大哭，哭完，杨硕帆努力调整情绪，早早睡去，因为她还要迎接次日一大早的维稳值班。

尽管与压力同行，杨硕帆从没想过轻言放弃。坚守着奉献青春、建设西藏的初心，在领导、同事的关怀和亲友的支持下，杨硕帆很快摆脱了担忧和彷徨，重振精神、全心全意投入了工作之中。

组织参与庆祝西藏和平解放七十周年大庆志愿服务活动

不忘初心，尽全力为民办实事

杨硕帆说，一个合格的宣传干部，既要具备较高的理论研究水平，更要向各族各界群众宣传好党的路线方针政策。在自治区党委宣传部工作的七年，她见证了从十二五到十四五期间，党领导西藏人民团结一心、艰苦奋斗，也以自己的实际行动为西藏的持续稳定和快速发展做出了应有的贡献。

2016年，按中宣部工作要求，杨硕帆加班加点制订自治区村综合文化服务中心建设实施方案，收集审查各地市上报的建设名单，及时征求文化、体育、广电等部门意见，积极向各有关部门争取资金，最终确定将700余个村纳入扶持建设范围。在今年的走访调研中，她目睹各个村都建成了标准统一、设施齐全、干净整洁的村综合文化服务中心，不禁鼻头一酸。

"那一刻，我觉得所有为这项工作加过的班、熬过的通宵都是值得的，也算是为丰富广大农牧民精神文化生活、让村民闲暇之余能有个好去处，实实在在献出了自己的一份绵薄之力。"杨硕帆说，那种心情，是心酸又欣慰、感动且幸福。

2020年，根据区党委有关工作任务安排，杨硕帆被抽调到自治区文明办开展未成年人有关专项工作。为全面掌握西藏未成年人思想道德建设现状，杨硕帆一行驱车近5000公里，前往自治区内各地市各县乡进行调研，走访了100多所中、小学校，通过实地查看、与师生谈心交流，了解各地各学校德育室建设、乡村学校少年宫建设、文明校园创建、校园文化营造等方面情况，进而总结值得推广的成功经验，记录基层反映的实际困难问题，探寻新时代未成年人德育教育的西藏路径。

杨硕帆说，在走过底雅边境乡未改造完的公路时，她才知道，西藏还有如此颠簸危险的路——仅一车道宽的盘山路蜿蜒曲折、路面颠簸，路边就是悬崖峭壁，叫人格外心慌。而每一个底雅乡的学生，想要外出求学，都要先胆战心惊地翻越数十座这样的黄土大山。在这里，学习的机会是那样难得！在询问假期学生思想动态时，她知道了那曲在5—6月专门设立"虫草假"，顺应民俗传统的同时，利用假期开展"小手拉大手"活动，让学生将党的政策信息带回家，带动家长科学、理性对待宗教，培养文明健康的生活习惯。

在与地区教育局工作人员谈心时，她了解到，阿里各学校基本不设暑假是出于"控辍保学"的考虑。牧区的传统是孩子从五六岁开始放羊，每年夏秋季节都是放羊、收羊毛的黄金时期。在过去，各个学校的孩子都从学校被家长叫回去放羊。后来有了党的"三包"政策和"控辍保学"要求，阿里教育部门一方面取消暑假或者压缩暑假时间，另一方面逐村、逐户、逐山寻找从学校跑掉的学生。经过长年累月的努力，阿里未成年人入学率达到了100%，家长不再强迫学生辍学放羊做家务，孩子终于有机会读书、看看外面的世界。

带队参加海南文昌"青春与星空对话"中西部青少年与载人航天面对面主题活动，在会上介绍西藏有关情况

"教育正逐步改变着几辈人的生活习惯，也切切实实改变着农牧区孩子们的命运。通过这次调研，我对基层未成年人思想道德教育乃至基层宣传思想文化工作有了更直观的认识，也看到了西藏基层工作的复杂与艰辛，打心底里对基层工作人员为顺利开展工作结合实际做出的尝试和努力感到敬佩。"杨硕帆说。

根据调研情况，杨硕帆主笔撰写了近1万字的《西藏自治区未成年人思想道德建设情况报告》，总结了近年来西藏未成年人思想道德建设的突出成就，针对存在的现实困难问题提出了解决办法，供自治区领导决策参考，并在自治区重要期刊《西藏宣传》上节选发表。

绵绵用功，练本领力求新突破

一晃已是七年，从初出校门，到独当一面，杨硕帆立足岗位、总结规律，在领导的指导帮助和同事的交流配合下，不断提升部门工作效率，建立健全全区宣传思想文化系统督导检查机制，用常态化的督查推进自治区党委、政府关于宣传思想文化工作的重大决策部署落实落地。她逐渐习惯了在多重角色、多项任务间无缝切换，有时上午还在废品站翻找确认各部门出售的废纸中是否含有涉密文件，下午就到了西藏人民会堂筹办全区性重要会议。

杨硕帆始终没有忘记作为共产党员的初心使命和身为清华人的责任担当，时刻保持对自己的严格要求。2019年9月，她代表西藏参加中宣部、国务院国资委、中央军委政治工作部、全国总工会、共青团中央、全国妇联和人民日报社共同主办的"时代新人说——我和祖国共成长"全国演讲大赛。即便决赛的前一天还在加班写材料，当日凌晨两点还接到新的工作任务，杨硕帆也丝毫没有降低对自己的要求，她利用吃饭、乘车这些碎片化的时间准备演讲稿，最终获得银奖。

2020年初，新冠疫情肆虐。当时正在武汉休假的杨硕帆，第一时间提交了《武汉疫情防控青年志愿者报名登记表》，于所居住的武汉市徐东路社区当起了志愿者。她按照武汉疫情防控工作要求，配合做好入户排查工作，承担起为辖区居民配送蔬菜的任务，将全国各地捐赠的物资配送到社区400余户居民手中，打通居民购菜的最后一公里，让封控状态下的居民也能感受到生活的便捷。

数年来，面对挑战，她总是主动承担责任，不懈怠，不推诿；面对困难，她始终朝气蓬勃、积极解决。经过数年如一日的努力，她逐步成长为有"几把刷子""让人信服的行家里手"，其工作态度和工作能力得到广泛认可。几乎每年，杨硕帆都获评单位优秀，2018年初，她被评为西藏自治区党委系统督查先进个人，2020年5月，更是被授予第16届"西藏自治区五四青年奖章"。

杨硕帆（左）参与社区抗疫工作

"在西藏工作，稀缺的是氧气，宝贵的是精神。"杨硕帆说，这七年时间，得到锻炼的不仅是她的工作能力，更是意志力。高原条件艰苦，工作任务重，"5+2""白＋黑"是常态，自己更曾经连续近300天没有过双休、节假日，加班加点"连轴转"虽然辛苦，内心却是满足的。

杨硕帆始终坚信，个人的成长与时代的发展进步密不可分。"我觉得自己十分幸运，能进入清华、参加唐班学习，这为我毕业后的职业规划打下了良好的基础。更幸运的是，我能够身处于这个伟大的时代，成为新时代的见证者、参与者、建设者和受益者。我将进一步以清华杰出校友为榜样，尽己所能在岗位上发光发热，继续努力为时代画像、为时代立传、为时代明德。"

撰稿｜杨硕帆　黄思南

吴彦楠：

不忘来时路，不忘前行梦

人物简介： 吴彦楠，清华大学2006级热能工程系本科生，清华大学学生领导力"唐仲英计划"二期学员。2015届核研院博士毕业生，毕业后留校工作，2017年到天津挂职任东丽区人才办专职副主任，2018年任清华大学团委副书记，2019年调任东丽区委组织部副部长，现任东丽区政府研究室主任。

立足 适应 融入

"天津是一个身体和灵魂都能得到安放的城市，"吴彦楠笑谈，"对我自身而言，天津给了我舞台，是学校培育了我，是东丽淬炼了我。"吴彦楠觉得，天津是一座很美的城市，海河两畔，津门新篇，站在解放桥眺望着海河远方，能感受到这座国际化大都市最繁华雍容的内核。与国内很多大城市不同，天津把人流量最大的天津火车站建在了天津的市中心，一出车站即是风光，却感受不到很多城市火车站周边的混乱嘈杂。在这一点上，天津依海河而建的城市规划，体现出了曾经北方第一城的精致合理。吴彦楠说，自己来到天津之后，首先是提升对于天津历史的了解，自觉地融入天津的文化。天津历史博物馆、天津规划展览馆、东丽博物馆等，这是他最经常去的地方，如今他已经能准确辨别出天津水饺和东北水饺、天津烤鸭和北京烤鸭之间的差异。

吴彦楠既是东丽区人才引进的一名对象，也是东丽区后续人才工作的重要组织者和推动者。就在他刚从清华到东丽区委组织部工作时，时任区委主要领导要求区委组织部牵头修订完善人才相关政策。吴彦楠立即组织对全国各地级市2016年以后出台的人才政策、实施意见进行全面调研，结合东丽现有实际，查漏补缺、推陈出新，起草了一份东丽关于落实人才体制机制创新的实施方案。然而，区委书记在对这份报告的反馈中提到，"这不是一个东丽土生土长的干部弄出来的"。当时，吴彦楠还觉得很不服气。但是随着工作的深入，他却发现了这一反馈的深刻性。他意识到自己在刚到东丽时，对当地的了解和认知还比较不足，没能充分做到"立足东丽看东丽"。几年后，吴彦楠已经可以对东丽曾经的明星村集体大毕庄的历史如数家珍。他感叹，历史是厚重的，融入历史是我们要学习的第一课。

到东丽工作一年后，吴彦楠被委以重任，牵头负责当时的区委一号改革工程——智慧党建统领智慧社会工作。这项工作得到了区委的高度重视，吴彦楠也是东丽区网格化管理中心的第一任法人。这是一项从破到立的改革工作，需要重构社区工作体系，其中包含着很多人员的安排、事权的更迭，一开始阻力非常大。有一段时间，吴彦楠和组织部的同志们一起，天天走社区，曾经一周走遍了全区 103 个社区，也曾经在一个社区一待就是一整天。吴彦楠认为，社区书记是对基层最了解的一个群体，和社区书记面对面沟通，帮助自己对东丽区情和基层治理实际有了更直观更深入的了解，从而有利于立足实际做顶层设计，让改革迅速打开了局面。

2020 年初，新冠疫情来袭，战时机制一触即发。东丽区委安排吴彦楠担任全区疫情防控指挥部群防群控工作组组长，全面落实区委疫情防控工作要求，统筹部署全区社区防控工作。通俗地讲，卫健委负责守住医院，而吴彦楠和组里的同志们负责守住东丽的社区和村落。这时，对基层的深刻了解就派上了用场。吴彦楠因地制宜地提出设立 502 个社区卡口，同时利用网格中心的中枢职能组织全区 1146 名网格员开展 7 轮大排查，形成 39 万户 68 万人口台账，服务了 6300 余名居家隔离人员，守住了小区门口这道关卡。那时，每天早上八点半的东丽防控工作电台会，吴彦楠都是第一个汇报工作，从大年三十到疫情防控取得阶段性胜利，他有整整三个月一天未休。吴彦楠说，他很享受这种紧绷的工作状态，他觉得能够和东丽的老百姓、组织部的战友们一起去打赢这场战"疫"，幸甚与共，与有荣焉。

摸爬　突破　提升

"讲政治、重公道、业务精、作风好"，这是习近平总书记对于组织人事部门提出的要求，这与清华大学"又红又专、全面发展"的育人理念高度吻合。吴彦楠提到，他很幸运能够在走出学校的第一站来到组织部工作，在这里，他遇到了全区最有战斗力的团体之一，也遇到了很多志同道合、全心付出的同志；组织部的灯是最亮的，组织部的加班是最多的，组织部的收获也是最扎实的。在部里工作时，吴彦楠最多曾分管过7个科室，包括基层党建、人才工作、干部教育培训、绩效考核、网格化治理等，每天都迎接着新的挑战。

有一项工作让吴彦楠印象很深刻。2019年主题教育期间，他牵头负责群众反映事项的办理工作，也就是天津的"民意直通车"，每月这些工作多达1万余条。办理过程中，有时会出现部分单位推诿扯皮、办理质量不高等情况，吴彦楠坚持组织原则，按照区委要求，联合区纪委对相关单位和人员进行通报和问责。他提到，当时顶住了很大的压力，有人曾善意给他提建议、打招呼等。"我想这也是清华教给我的，不唯书、不唯上、不唯洋、不唯众、只唯实，这在未来长路中我会永远铭记。"

2020年，吴彦楠从东丽区委组织部转到区政府研究室主持工作。"对于我个人而言，这种转变带来了理念和能力上的提升，也是对我能力的一种补充。"在政研室，他能更全面深入了解主要领导的从政思路以及全区如何运行、存在哪些问题和如何治理等，"这是组织部工作所没有的，能让我的思考更全面，逻辑维度更清晰"。

当时，迫在眉睫的第一项重要工作就是起草2021年政府工作报告。"你能在写政府工作报告的过程中真切地感受到文字工作的充实和劳累。"整整两周，吴彦楠和他的团队都处在这样一种循环中：晚上8点与区长探讨写作思路，21—22点着手撰写，直到深夜，与寂静相伴。最后报告的定稿经过了多次这样的循环，个中艰辛，大概也只有亲历过的人才知道。"这个报告体现了我们东丽五年，特别是过去一年的成就，但更为宝贵的，是它精准描绘出了东丽未来五年蓝图的思路和方法。告诉大家未来很美好是容易的，但让大家知道现有的问题、未来的机遇并紧紧抓住，这是更为关键的，而这也是与其他很多地方的政府工作报告最大的区别。"

后续

在接受"唐仲英计划"在校学员访谈时，吴彦楠一直提到在学校对他影响最大的史宗恺老师，他一直牢记史老师曾经对他们那一批毕业生说的话："我也一直期待着，你们能够抓住机会，不求谋官，而求谋事，通过共同努力，让更多的人有更幸福、更美好的生活。我更期待着，你们能够基于对中国的历史、现实的深刻全面理解，基于对其他文明和文化的全面认识，谋出面向未来的思想，在中华民族伟大复兴进程中做出自己的贡献，让中华文明的智慧之光照亮人类社会的未来之路。"

未来的路还很长，在这条长路上，吴彦楠一直在坚定地前行，不忘来时之路，不忘前行之梦。

采访 | 张晓旭

撰稿 | 张晓旭 段美汐

何海程：

让信念生根发芽，为群众创造福祉

人物简介： 何海程，清华大学汽车工程系2016届本科毕业生、清华大学教育研究院2018届硕士毕业生、清华大学学生领导力"唐仲英计划"第五期学员。硕士毕业后通过广东省选调生考试进入广州市委组织部工作至今。2019年4月，何海程主动申请前往扶贫一线，担任广州市委组织部派驻清远英德九龙镇宝溪村第一书记兼扶贫工作队队长。

"整村16平方公里的土地上没有一栋三层（及更高）的建筑，没有一家便利店，更别说饭店、农庄。"

这便是何海程对宝溪村的第一印象。2019年4月23日，何海程被派到清远英德市九龙镇宝溪村担任驻村第一书记兼扶贫工作队队长，他的扶贫工作之旅就此开启。

两年后，宝溪村脱贫摘帽，并成为当地党建示范村和美丽乡村的典型。这背后，有何海程近700个日夜的付出。"为社会承担责任、创造福祉"，这样的信念让何海程在扶贫的道路上勇敢前行。

交流交心，助民惠民

2018年夏天，何海程硕士毕业后来到广州市委组织部工作。半年后，单位通知需轮换一位同志到广东省偏远农村驻村扶贫。何海程主动报名参加。

谈起当时的选择，他说："这是一种本能的想法。到市委组织部报到的第一天，我就表示希望有机会能够到脱贫攻坚第一线，去奉献自己、锻炼自己。"

在清华读书时，有一句话令何海程深有感触——"选择了清华，就是选择了一生的责任"，从小在山区长大的他，对社会，特别是对山区和农村有着格外强烈的责任感。

来到宝溪村后，走访贫困户、为他们排忧解难成了何海程的日常工作。可初来乍到，何海程坦言，自己是"人生地不熟，也缺乏工作经验，完全不知道怎么开展工作"。刚开始，走访村民的工作困难重重。首先是"交流难"，宝溪村属于客家地区，村内老龄化严重，老人们只会讲客家话，可是何海程却不会客家话；其次是"认人难"，每个自然村都以一两个姓氏为主，"村民名字相近，长得还很像，甚至有几位名字完全相同"；最后是"行路难"，尽管宝溪村户籍人口有2306人，但实际上常住人口只有200多人，又分散在27个自然村，村里一些道路只容一辆车勉强通过，把村子东西南北走一遍，即使开车也得大半天。

"没有什么捷径，只能不断地去村子里，想方设法地和村民们交流。"何海程说，"到村民家里去，每天去问问'吃了吗？''最近怎么样？'实在不行就比个手势。"

为了方便交流，何海程下力气学起了客家话，最终克服了"语言关"，他现在讲普通话都带上了一些客家话的口音；一次次走访后，曾经陌生的面孔和小路也变得熟悉亲切起来。"村民们也渐渐向我敞开心扉，说出他们的困难和故事。"何海程深切感受到，

"扶贫工作的对象是一位位村民，工作的核心是与他们交流乃至交心。"

何海程（右一）走访建档立卡户

挑起驻村扶贫的担子之后，何海程能够给予亲人的陪伴也就少了。"驻村的前半年，周一到周五在村里，周六日至少要加班一天半，周周如此。陪不了妻子和家人，确实挺愧疚。"何海程有些尴尬地笑了笑。

为了较好地兼顾工作与家庭，何海程摸索出"三大妙招"：一是回到家后"大事小事抢着干，洗衣服洗袜子做饭主动干"；二是带家人看一看村内环境，以更好地理解脱贫攻坚的意义；三是与同样在基层锻炼的妻子分享自己在英德的工作情况和经验，夫妻"并肩作战"。

宝溪村共有32户建档立卡贫困户，涉及村民104人，"家家有本难念的经"。"在广东，宝溪村相对来说是非常落后的。一些贫困户家里读书的小孩很多，会因学致贫；还有一些家里有成员身患重病，会因病致贫。"何海程介绍道，"当然，相较于中西部的一些贫困村，宝溪村条件确实要好一些，但是对我们工作的要求和标准也相应提高了。"

在宝溪村的一年多时间里，扶贫工作队带领村民一共修了五条公路，村内主干道按照"四好公路"标准全部拓宽到4.5米，"现在已经能会车了"。工作队还为村民修整农田、修建水利设施；利用扶贫资金投资的水电站，每年都会给村民分红。这些工作，都为村民的生产生活带来了切实的提升。

何海程还借助公益基金，在宝溪村开启了"美丽乡村"的建设。"我当时了解到，碧桂园集团在全国范围内做定点帮扶工作，而英德市恰好是碧桂园的帮扶点之一。"何海程回忆说，在碧桂园启动新一轮的扶贫帮扶的计划之际，他第一时间向公益基金和学校汇报了宝溪村的扶贫情况，争取到了碧桂园公益基金会和校友的支持，开始在宝溪村一个自然村开展美丽乡村样板打造工程。

何海程认为，"扶贫要围绕着群众本身实际需求来做，不能做成刷白墙一样的表面、形式的东西"。本着这样的原则，扶贫工作队带领村民迈出了美丽乡村建设的第一步——"平改坡"。

因历史原因，村内房屋多是"平房"，但广东雨季降水量特别大，绝大部分房屋都会有渗水漏水的情况发生，特别是修建于几十年前的泥砖房，受灾尤其严重。

以美丽乡村建设为契机，在征得村民同意后，工作队在房顶四边制作斜坡，使雨水沿斜坡流下，不再积压在屋顶，同时换上防水性更好的树脂瓦，基本解决了渗水漏水问题。"改造后，村民们内心的收获感是很强的。"何海程自豪地说。

不仅如此，工作队还为村里建了一个"可以遮风挡雨的篮球场"。宝溪村有一支自己的篮球队，逢年过节都会打比赛，队员以年轻人为主。平时在外求学、打工的村民，以往在节假日返乡时只能去其他村打球，条件改善后，在外的村民都能回来享受升级的体育设施了。

美丽乡村样板打造工程完工，宝溪村的村容村貌焕然一新，成为当地美丽乡村、省定贫困村的典型。

青山绿水的美丽新宝溪

稳定脱贫，任重道远

何海程的驻村任期到2021年年中就结束了，他觉得"有很强烈的紧迫感，觉得时间特别紧张"。

两年的扶贫工作使何海程深刻感受到，要帮助村民们稳定脱贫，还任重道远——既要带起一支战斗力强大的村党总支队伍，因为他们是一支带不走的工作队；又要对贫困户"授之以渔"，要让村民们切实通过自己的双手创造自己的幸福。

何海程来到宝溪村之前，村里很多制度贯彻执行力度不足。到村后，他带领工作队在"硬件"和"软件"两方面下功夫：硬件层面，帮助村党总支和下属的党支部完善活动场地，配备必要硬件设备，"硬件设备好了，党员和群众的精气神就不一样了，党组织也更加有威信"；软件层面，出台制度并筹备活动，努力回应党员群众需求，把"四议两公开"的制度给固定了下来。何海程以自己主导的扶贫项目为例，先讲解制度流程，再带领村干部上手实践，"走了几遍流程后，大家就发现，并没有想象中那么复杂。有了流程意识，开会的质量就提高了"。

何海程（左二）在党建促扶贫工作会议上发言

制度得到良好贯彻执行，宝溪村"两委"的会议效率也相应地大幅提高。利用节省下来的时间，何海程带领着村"两委"开展理论学习、撰写心得体会，面向村"两委"开展工作技能培训。如今，村干部理论素养有了很大提升，工作能力也明显提高，宝溪村党总支连续两年被评为"先进基层党组织"。

在这支强有力的工作队带领下，宝溪村32户建档立卡贫困户，104人全部实现脱贫。贫困户年人均可支配收入从扶贫前的不足4000元增长到21205元，村集体经济收入相比扶贫前也从零增长到50万元。

为确保贫困户稳定脱贫，"授人以渔"的工作也在积极推进。

"有一户贫困户，家中有三个小孩，幼子患有重度地中海贫血，需要固定输血，费用很高，如果要做移植手术，费用就更高，大概需要40万。"何海程说，"去年，我想着我的扶贫任期快结束了，希望能在离任之前帮他彻底解决这个问题。患病的孩子正好有双胞胎姐姐，符合移植条件，问题在于资金不足且联系医院困难。"

对此，何海程和工作队联系到广州市妇女儿童医疗中心，尽量提前为患儿安排手术，并注意不干扰医院工作、不越过红线。

"现在已经完成了前期的检查、培训、入院，这两天正在手术。"（编者注：截至2021年3月底，手术圆满成功，正在康复）

就医问题解决，下一步是筹措资金。何海程注意到，该贫困户家庭种植砂糖橘，他不希望村民觉得自己"被可怜"，决定培养村民自身营利能力的同时让村民能够尽可能做到"亲力亲为"。

何海程的思路很明确。"帮助村民卖好橘子的过程比较复杂：第一步，与往年直接将采摘下来的橘子卖给前来收购的分销商不同，我们鼓励他自己联系车将采摘下来的橘子直接送到广州，这样顾客吃起来比较新鲜；第二步，我们建议他买一些好看的包装，增加橘子的溢价，使得他在橘子的定价上更有优势，更能赚钱；第三步，我们动员他自己去学开发票，告诉他现在国家针对这种自产自销的农产品是完全免税的，而且广东税务局推行电子化发票，通过手机就可以进行电子代开发票，尽管过程比较复杂，但是他最终完全掌握了这项技能。"经过一系列努力，该贫困户所种植的砂糖橘卖出了比原先高几倍的好价钱。

宝溪村的脱贫故事，从何海程担任扶贫队长到现在，还有很多。渠道、思路、技能，贫困户开始真正掌握"有奋斗就有收获"的脱贫致富好门道。

扶志扶智，人才振兴

何海程在清华就读时，经常利用周末时间参与支教活动，还曾担任清华大学学生教育扶贫公益协会的会长。这段经历让何海程意识到"教育才是长效机制"。

每年，宝溪村扶贫工作队都会组织村内贫困学生前往广州游学，鼓励孩子们走出村子，看看更加广阔的天地。来到宝溪村后，何海程对游学活动有针对性地进行了"升级改造"，在参观地点选择上更加注重其蕴含的教育意义。

组织建档立卡户子女到广州游学欢度"六一"

"比如，在黄埔军校，我们请老师讲述革命历史，帮助学生们体会中华民族伟大复兴的历程。我们还请来教官给学生们展示如何把行军被叠成'豆腐块'，在互动交流中，留下难忘的回忆。"何海程说，"希望能够通过游学，激发孩子们对美好生活的向往和发奋图强的愿望，鼓励他们将来做对国家、人民、社会有用的人。"与此同时，帮助学生们上好学、找到好工作，是何海程的另一项重点工作。

宝溪村地处偏远，前些年在撤点并校政策的影响下，村里原有的小学基本被撤并，大部分学生只能去其他乡镇读书。

"这个时候，高中的选择很关键。"何海程介绍道，"针对这部分学生，我们会去他们家里了解情况。多数学生的家长在外地打工，通过沟通我们发现，很多家长其实并不了解自己的孩子，不知道孩子到底想不想读高中，更不知道他们想去哪里读高中。"

于是，何海程与村干部去到学校，全面具体地了解孩子们的学习成绩和在校表现，并组织联络学生家长进行面对面沟通。让他们鼓励孩子们努力学习，帮助他们消除亲子间存在的误会，劝说在外务工的村民更多关心孩子的成长教育，并请求学校的老师给予帮助。

对于村里的大学生，在其毕业的前一年，何海程会帮助他们做职业选择辅导。

"部分学生获取就业信息的渠道比较狭窄，父母想他做什么，或者看到身边的同学选择干什么，就往那个方向去了，没有思考太多。我们会尽力了解他们平时都在做些什么、想找什么工作，然后尽量给他们匹配一些资源。"

2020年12月底，何海程前往广州看望村里一位学习动画设计的大专学生。何海程主动帮助他联系到一家互联网动漫公司，推荐学生面试，并为他提供了公务员考试、其他公司招聘信息相关的资料，希望帮助他打开就业的思路。

"扶贫先扶志，扶贫必扶智。种下去的种子迟早会生根发芽。"何海程坚信。

何海程在大四获得免试推荐攻读研究生资格后，就通过选拔加入了学生领导力"唐仲英计划"。回想起在"唐仲英计划"的那段时间，他深情地说："'唐仲英计划'的培养让我认识到，个人的付出可以创造巨大的社会效益，创造很大的增量空间，能够给那些未直接接触的社会群众创造很多福祉。"在"唐仲英计划"中，何海程的信念之种生根发芽，这种信念一直伴随着他在南粤大地上奉献青春、创造价值。

采访 l 马昕　朱强　王伟　柏卓彤　陈怡莹

撰稿 l 马昕　陈怡莹　黄思南

何鲁桂：

主动作为，积极进取，为创新型广西建设贡献力量

人物简介： 何鲁桂，清华大学机械工程系2017届博士毕业生，清华大学学生领导力"唐仲英计划"三期学员，毕业后进入广西壮族自治区科学技术厅，先后在办公室、高新技术发展及产业化处、法规综合处工作。

2020年10月，党的十九届五中全会强调，坚持创新在我国现代化建设全局中居于核心地位。在这样一个"后疫情时代"，科技创新面临新挑战，也正拥抱无限的新机遇。

推进法治建设、完善体制机制、优化人才政策……参加工作三年多，何鲁桂一共起草了正式公文350余篇，牵头起草出台全区性政策10余篇，所负责工作更是全部获得绩效满分评价。作为一名优秀的"笔杆子"，何鲁桂正在他的工作岗位上，让更多与广西科技创新息息相关的政策尽善尽美。

然而，作为一名清华博士，毕业后回到广西投身公共服务事业，何鲁桂坦言，最初身边也曾有过不解和质疑。"回来的第一天就有质疑，很多高中同学好多年没见了，上来就问为什么不留在一线城市。"

面对这样的声音，何鲁桂选择用积极主动的态度，一步一个脚印，在家乡实现自己的价值。

温暖社会　晓喻新生

在清华，何鲁桂曾经担任班级的支部书记，随后又在院系协助管理奖助学金、学生就业等事务。

"安排奖学金确实是太忙了，每天都有人打电话问申报时间，怎么申报。

虽说琐碎，但我觉得那个时候还是挺充实的。"何鲁桂十分感谢这一段经历带给他的收获，"这些工作并不会赋予你什么权力，而是给你一个服务大家的机会。经过这样的锻炼，我才会觉得自己能够胜任类似的工作，同时也形成了一种理念，就是这样的行政工作并不是赋予你权力，而是让你服务他人。"

正是这段经历，让"为他人服务"的种子在何鲁桂心中生根发芽。而博士期间在德国交换的一段经历，让何鲁桂更坚定了投身公共服务事业的想法。

当时，看到德国理想的工作条件，不少亲友劝他毕业后留在德国，"找个工作，生活特别安逸轻松，工作压力不大，福利待遇也好。"

可何鲁桂却依然坚持自己的想法。"当时亲身感受了国内国外的不同，才发现我们国家的体制机制有它的特色和优越性，能够在国家高速发展时期投身于国家建设，亲自见证国家的美丽富强是很有意义的一件事情。在德国总觉得缺少一份归属感和认同感。"

正因如此，何鲁桂报名加入了"唐仲英计划"，通过一系列课程的学习和与老师的深度交流，他对未来更充满了信心。

何鲁桂最感激"唐仲英计划"令他坚定了自己的方向。"在参加'唐仲英计划'后知道了自己以后要做什么，要怎么去做，在平时就会自觉或者不自觉地培养这方面的习惯。要是没有前期形成的这样一个心理预期，从事工作之后受到一些挫折，你的想法可能很容易就会摇摆。"

何鲁桂（左一）与系研工组同学合影

何鲁桂曾经觉得公共服务有些神秘。选择成为一名选调生，便是他心中的一次"祛神运动"。"从事公共服务工作可以更深入地认知社会，融入社会，温暖社会，也可以更清晰地认知自己，持续蜕变，晓喻新生，我想这便是这份工作的魅力，这便是这份工作对我的吸引力。"

压力源于未知，随时破题充电

2019年3月，自治区科技厅成立了法规综合处，主要负责法治建设、政策起草等工作。由于在工作中积累过一些政策起草的经验，何鲁桂有幸得到推荐，来到了这个年轻的部门。

"时也命也"，何鲁桂坦言，他当时对此也感到些许意外，而自己的"笔杆子"技能，并非一蹴而就，也是在走上岗位之后逐渐提升的。

在何鲁桂看来，"笔杆子"的工作背后是不寻常的压力与责任。相反，许多业务性工作并非想象中那样困难。

"处理业务性的工作，我们其实已经摸索出了一个既成的模式。你只需要站在巨人的肩膀上，再付出一定的时间，总能完成。而在法规综合处，所有的工作内容都是新的，都是'不按套路出牌'的，真的可以说是'压力来源于未知'啊！"

要克服这样的困难，唯一的解决方法便是主动学习。"每当我们要起草一项政策，从来没有人碰过它，外省也没有人做过，我们必须随时充电，保证能够有效地给出新的思想、新的方向和新的内容。"

刚刚进入科技厅时，何鲁桂就经常向办公室里的几位"写作好手"虚心请教。虽然现在他已经工作三年有余，但在遇到新的挑战时，何鲁桂依然会主动找到前辈"切磋琢磨"。

"至少要经过三四个人的反复打磨，一份材料才能算是好的材料。很多情况下是我写了初稿给你看，你根据我的初稿马上进行大调整，再给第三个人进行小调整，到第四个人进行通读，再整合每个人的意见，才能形成一份成熟的材料。所以这么多年来，我也确实在写作方面接受了很多前辈的帮助，也很感谢他们。"

何鲁桂近期参与执笔的"广西科改33条"，作为一份事关广西科技创新发展的工作体制机制改革文件，其起草过程便经历了字斟句酌、反复推敲。文件中的每一字、每一句都可能关系到一个产业的健康发展，因此这一过程既是严谨的体现，更是责任的体现。虽然苦练"笔杆子"并非易事，但何鲁桂还是在工作中找到了属于自己的乐趣。

"首先，我会觉得自己看问题的层面不一样了。我能有机会了解全区的发展环境，哪些企业的技术攻关比较突出，哪个学校的一些专业方向做得很不错，能够学到很多。与此同时，我们做的是全区的规划性工作，要及时学习国家和科技部门的最新精神，结合全区实际情况提出措施，必须要有很高的站位。我们推动了全区的某一项工作，某一个产业，某一次改革，看到它能够落地，这种喜悦感、成就感是很大的。"

问题立行立改，绝不欠账赊账

谈到这三年多来工作中积累的心得，何鲁桂认为，日常工作中最为重要的便是主动作为、积极进取。

何鲁桂印象最为深刻的便是2020年对民办非企业单位管理制度的完善工作。此前，单位按领域分管的民办非企业单位中，存在一些地址、名称和联系方式"名不符实"的情况，既无法正常开展管理工作，也不能执行注销程序，形成管理困境。面对这一情况，何鲁桂主动提出改进相关单位管理制度的想法，并推动形成了新的管理方案。

"以前以为政府做一项工作很容易，但实际上想要真正完成一件事是很难的。你真正想要去做一件事情，而且还想把它做成了，要付出极大的精力和成本，甚至不一定成功。"何鲁桂强调了把握机遇，坚定执行目标的重要性，"有些工作早期存在一些机制上的设计缺陷，大家忙于事务一直搁置不处理。但对于我来说，这就是一个锻炼的机会。它到了我的手上，我就不能再放任它保持在这个状态，就要从制度上完善它。有些陈年问题转到我手上，绝不能继续欠账、赊账，要主动去解决它、突破它，否则这个问题就可能还会无限期地持续下去。"

何鲁桂认为，这种积极主动的态度需要在日常工作中逐渐形成，培养自主学习的习惯，充分武装自己，让自己具备在关键时刻"主动请缨"的能力。"任何事情，既然你提出想要完成它，你就应该有所准备，纸上谈兵是拿不出成果的。"

同时，何鲁桂也提到，这种工作能力的养成与研究生阶段的培养也有着密切的联系。"我们在学校学习和掌握的就是一种方法论，发现身边事物中存在的问题，学会在混沌之中找到逻辑和规律，这是我们最难得的能力。有了这样的能力之后，从事任何工作都可以游刃有余。"

2020年，何鲁桂所在的法规综合处获得了5项集体荣誉，何鲁桂也获得了两项荣誉。积极主动的态度，加之服务他人的意识，让何鲁桂获得了同事们的广泛认可。

"秉持服务的态度，你的朋友会越来越多。因为大家会认为这是一个认真做事的干部，是一个值得信赖的干部。越不追求回报，越有意外收获。"

"人生不是百米冲刺，而是一场马拉松。"这是何鲁桂十分欣赏的一句格言。他希望清华的同学们能够做好长久的规划，确立最适合自己的目标，让自己的人生无悔。

"可能有些事情不是我们自己能决定的，它的结果也不是我们能够预料的，但我们还是要走好自己的每一步，做好全面的准备，不要因为一时的困境而气馁。"

采访 | 张静　王仕韬　杨逸飞　姚昇　欧顺发

撰稿 | 王仕韬

沈若萌：

在门头沟践行"基层梦"，"陪她老，盼她好"

人物简介： 沈若萌，2005年本科就读于清华大学社科学院社会科学实验班，2009年进入清华大学公共管理学院攻读博士研究生，清华大学学生领导力"唐仲英计划"一期学员。2014年毕业留校工作，先后担任清华大学学生学习与发展指导中心主任助理、副主任，学生职业发展指导中心副主任，党委学生部副部长等职务。2018年在北京市门头沟区龙泉镇挂职副镇长，2019年8月任北京市门头沟区发展改革委党组成员、副主任，现任门头沟区王平镇镇长。

对沈若萌的采访安排在工作日晚上8点半。她结束了一天的工作，从门头沟区驱车赶来。

近两小时的采访里，沈若萌多次提到"基层梦"和"造福一方"的愿望。从本科在社会科学实验班开展社会调研，到公管学院读博期间参加公共政策课题研究，再到赴门头沟区基层锻炼并留下任职，她对基层工作的向往逐渐转化为坚定事业的选择。

投身基层、造福一方，这是沈若萌在学生时期就萌生的愿望。

因家人从事古籍工作，自小接触到史学经典著作，她在三四岁的时候便与其他小朋友想做"科学家"和"医生"的懵懂梦想稍有不同，"当为君子，造福一方"早早成为镌刻在骨子里的初心。

沈若萌本科就读于社会科学实验班，在李强、沈原、王天夫等老师的带领下学习开展社会调研的方法。她长期深入农村、工厂和社区调研，社会科学的训练让"读书"与"行路"相结合，帮助她将兴趣进一步聚焦在政策运行机制和宏观微观的上下一致性上。在公共管理学院读博期间，沈若萌师从胡鞍钢教授，深度参与国家政策课题研究和相关学术探索，她得以有机会接触政策顶层设计的过程，并学习从公共治理角度研究基层问题。

采访中，她特别提到马克思·韦伯在《以政治为业》的最后一句："一个人得确信，即使这个世界在他看来愚陋不堪，根本不值得他为之献身，他仍能无悔无怨；尽管面对这样的局面，他仍能够说：'等着瞧吧！'只有做到了这一步，才能说他听到了政治的'召唤'。"正是这句话激励她将学生时代的愿望转化为坚定的职业选择。

"沉浸式"投入乡镇挂职，在社会大学里"干中学"

2018年1月，沈若萌来到北京市门头沟区龙泉镇挂职锻炼，迈出了扎根基层的第一步。

为了加快融入基层，她从"记名字"开始，通过主动参加各类会议和活动，记下每个镇里和村居干部名字，来镇第一周笔记本上就记下了80多个名字。"对工作伙伴保持适度的好奇。在基层见到每一个人，都主动握手，问句'您怎么称呼'，快速对上号，把加快接地气的过程落到每个鲜活的人身上。"

沈若萌（右一）入户走访

记住干部们的名字当然只是开始，后续的真正融入还需要更多努力。"一切以能够尽快融入干部队伍、和群众打成一片为核心"，抱着这样的想法，沈若萌坚持发挥主观能动性，从力所能及的事情做起，比如龙泉镇下属的某村因为村级治理工作成绩突出，经常迎接上级部门调研，村委班子希望在分享过程中能更有的放矢，她就蹲点在村里收集经验素材、执笔草拟修订，帮助提炼案例和提升汇报材料质量。随着该村不断总结并分享村级治理经验，他们得到的关注也越来越多，村党总支书记还受到了国家领导人的接见。

"留下来"参与地方建设，在一线实践里"学中干"

2019年年末，在门头沟龙泉镇挂职一年半后，沈若萌选择留下，并服从组织安排，来到区发改委工作。

真正全身心投身工作中，沈若萌很快就发现基层工作的挑战不仅来自"本领恐慌"，对体力和耐力的考验也是她以前从未经历的。"以前在学校工作，觉得自己还是比较能扛活的，也有过连续高强度工作几个月的经历。但真正到了地方上很快还是被'5+2''白加黑'的工作节奏震撼了，发现不会再有寒暑假，经常没有周末，必须学会连续作战，在连续工作中找到自己的节奏。"

到区发改委工作不足半年，沈若萌就赶上了2020年初新冠疫情暴发，她也参与到了区疫情防控领导小组复工复产防控组的工作中。"尽管负责联络统筹和对接调度，但最初工作压力还是蛮大的，有一个月的时间高负荷运转，身心俱疲，每天只能睡三四小时；在统筹协调过程中必须提高大局站位、强化沟通各方，有一种新兵蛋子上战场的手足无措感，深夜从办公室往家走的路上会突然哭起来，甚至担心自己无法胜任。从学校出来之初的一些理论上的自信被基层的现实反复击打，只能通过每天的工作实践加深领会，用实际行动把自信心重新熔铸起来。"

这个过程中，她从身边的领导和同事身上得到了许多力量。"从领导到同事，再到基层的干部群众，他们用朴素的话语和坚定的行动展示了基层一线工作者们的坚韧不拔。在他们的淡定和坚持面前，我不得不感到惭愧，在社会的大学里上了生动的一课"。

疫情防控期间沈若萌参与社区抗疫

经历了这段时间的锻炼，沈若萌真实感受到了经历基层工作后的自身成长，"最大的突破就是不怕事儿了"，"纸上得来终觉浅，绝知此事要躬行"，经验是用时间和实践沉淀下来的，理解公共管理在地方政府的运行情况，必须到达政策实践的"现场"，当政策的"现场工程师"，如今再想到读博期间参与的政府课题研究，会有上下贯通的一些理解产生，内心越来越充实和坚定。

"安下心"打磨综合能力，坚定信念"陪她老，盼她好"

2020年，作为"十三五"收官之年，《门头沟区国民经济和社会发展第十四个五年规划和二〇三五年远景目标纲要》的编制工作紧锣密鼓地展开，沈若萌也全身心投入其中。"有5个月的时间，每周完成日常工作后，周末就组织围绕'十四五'规划编制工作通宵达旦地集中研习写作。五年规划编制需要通过调研走访把全区的家底盘清，把方方面面的工作都梳理出条线，尽管在学校也跟随导师参与过国家部委的五年规划课题，但真正要全程参与一个公共政策性规划的成品依然有许多挑战"。

门头沟区的发展处于转型换挡的攻坚期，从矿业生产为主转向绿色发展不可避免地面临"阵痛"。沈若萌回想到编制规划纲要的过程，回忆道："在编写过程中，也一度觉得区域面临的约束太多了、难题太多了，对区域发展的路径有时感到迷茫困惑。"但在与老干部的座谈中，她又找到了方向，"座谈中一位退休老领导告诉我们，在他工作的时候全区主动争取长安街沿线贯通到区，经历了多年努力始终面临困难，有许多同志不免灰心丧气，但经历10余年的推动，最终在'十三五'时期，新首钢大桥将长安街架过永定河，门头沟区的区位优势得到了突显"。在这个过程中，沈若萌体会到，"干事创业"的视角与"理论推演"的视角不尽相同，在地区发展中真办事往往就是找到一个方向一茬接着一茬推进。当下未必能看到清晰可见的路线图，但关键要把当时能努力推动的路径摆出来、做起来，以"功成不必在我"的胸怀实现对当前工作的有力支撑。

2021年春节，沈若萌在看望博士生导师时，送去一本《门头沟区国民经济和社会发展第十四个五年规划和二○三五年远景目标纲要》。"导师很开心，有种自家孩子终于长大了的感觉"，她笑着说，"绿色高质量发展就像一次'长征'，很难说在突破五次反'围剿'包围圈之后就知道该朝哪里走，更不会一下子就想到去延安，但只有往前走才有希望，才可能赢得革命的胜利，心理上不能认输。"

谈到对未来的期待，沈若萌心里暗下了在这里工作一辈子的决心，"许多基层干部能力水平很高，但真的就在基层坚守了一辈子，我们总讲基层梦，基层梦不是在基层涮一过，再脱离基层。而是接受基层的常态，做好一辈子在基层坚守的心理准备。""你看，2035年我50岁的时候，我们可以用3个5年实现建设一个现代化美丽山城的目标；未来的永定河穿城而过，青山绿水之中，高净值产业星罗棋布，就像串珠项链一样熠熠生辉……每当我想到这些，就感觉一辈子能在这样一个地方勇敢战斗过、尽情挥洒过青春汗水，就觉得很难得、很值得，不违造福一方的初心。"

"尽管现在确实很难。但你知道，她会越来越好，而你的努力在其中是不可或缺的一部分。在我看来，陪她老，看她好，将是一份非常幸福的事业。"

采访 | 郭栩　陆澄林　郭书宇　韩储银

撰稿 | 陆澄林　黄思南

和云娟：

驻村之路，从"那个姑娘"到"小和队长"

人物简介：和云娟，纳西族（摩梭人），清华大学建筑学院2018届硕士毕业生，清华大学学生领导力"唐仲英计划"六期学员，毕业后前往云南省工作至今。2019年，到省住建厅挂钩扶贫点祥云县下庄镇大仓社区驻村参与扶贫工作，任大仓社区驻村第一书记、工作队长。2020年4月，获得"全国向上向善好青年"称号。

大仓社区位于云南省祥云县下庄镇，在2018年时还是建档立卡贫困村。当时全村4035人中有贫困人口701人，贫困发生率为17.3%。正是在这里，和云娟担任扶贫工作队队长，和乡亲们共同奋斗脱贫。"小和队长"逐渐成了大仓社区村民们对她的亲切称呼；而"第二故乡"也转化成为和云娟对大仓、对大仓村民们最真挚的情感寄托。

"那位师兄弹着白族三弦，我特别感动，当场落下了眼泪"

和云娟出生在云南省丽江市宁蒗县，生长在泸沽湖畔，属于纳西族的一个分支——摩梭人。年少走出小山村到县城读书，高中前往省城昆明求学，一步步走到北京，她深知"作为边疆少数民族地区的学生，这样一路走出来，是困难重重的"，而一颗希望为家乡发展贡献自己力量的种子，也正是在这个过程中被悄然埋下。

来到清华之后，导师经常对她说："你是少数民族学生，毕业后应该为家乡发展做点贡献。"在学校期间，和云娟参加了各种各样的社会实践，先后在联合国开发计划署、世界自然资源研究所、举办冬奥会的崇礼区规划局实习。研一时，她成功入选了清华大学学生领导力"唐仲英计划"，认识了很多已经扎根在公共服务部门的师兄师姐。

就业季到来时，除了选调，和云娟其实还面临着很多具有诱惑力的选择：有位于北京且带编制的设计院，有排名前列的房地产巨头……但云南省定向选调宣讲会上的一个瞬间，深深打动了她并使她坚定了回到家乡工作的决心。

"当时是在职业发展指导中心华为厅，大家一起观看了一个视频，内容是往届的师兄师姐在驻村扶贫期间的一些事迹。我看到，云南原本很落后的各个少数民族地区，尤其是山区，在脱贫攻坚工作下发生了巨变。"

"其中一个师兄是我们建筑学院的校友，他回到省发改委工作，然后又到香格里拉去驻村，视频的结尾他弹着白族乐器三弦，唱了一首歌。"随着朴实无华的歌声和悠扬的乐器声，画面飘向了师兄身后的山坡、草地和梯田，也使和云娟当场落下了感动的眼泪。

这场宣讲会结束时，和云娟心中原本还存在的犹疑都消散得一干二净。她更加清晰地感知到了自己的内心，她知道自己想回去，也一定要回去，要回到那片云之南处、碧水青天去，回到生她养她的土地上去，更要参与到脱贫攻坚这场伟大的事业当中。

通过组织考核，作为云南省的"千人计划党政青苗人才"，和云娟如愿以偿，回到了云南省住房和城乡建设厅工作。并在刚参加工作不久，就主动向厅组织申请去替补了驻村岗位。

"到今年3月，我在祥云驻村就两年了，这是我人生中最宝贵、最难忘的一段经历。"

"你不是不相信她吗，现在怎么又来了？"

刚刚来到祥云县下庄镇大仓社区的和云娟，是当时县里最年轻的第一书记，她有些腼腆地笑言："他们可能都不相信一个小姑娘，又是学生，刚刚毕业出来，能做什么。"但是和云娟却抱定了一个信念：要通过实实在在地帮村民们办好事情、解决事情，通过主动为大家服务来培养感情和建立信任。她时刻提醒自己，一定要放下名校毕业生，放下省级机关工作人员的身份，以新手和服务者的角色进入工作。

和云娟（左一）调研农村危房改造工作

此时"农危改"工作正在如火如荼地进行，建筑学院毕业的和云娟自然走到了工作一线。当工作开展到农户李大哥家时，她碰到了第一个真正的"硬钉子"。

李大哥家的房子在环村路边，正对着村小学，位置显眼但非常破旧，根据住房鉴定是 C 级土墙房。而李大哥早年在一次车祸中失去了手臂，一直独自生活在这间危房当中。和云娟和其他村干部入户劝他进行翻修，并说明会为他申请资金。李大哥表示自己也想重建，但家中有两排房子，其中一排地势比较低，翻修的话要把那排房子整体推高"架"起来。

"实际就是将这排房子拆除重建，我一盘算，支持李大哥家的'农危改'资金只有21000元，这些资金仅够翻修，不够重建。"李大哥随即表示，如果不答应条件，就不会接受驻村干部们在他家开展"农危改"工作，这让大家十分为难。

和云娟又几次和李大哥商量，但都无疾而终。在认真细致地了解了李大哥的家庭情况、社会人际关系之后，她发现李大哥有个弟弟，住在山里的危房中。基于这一情况，她建议李大哥将自己目前这排低洼的土地让给弟弟盖新房，而弟弟则负责他以后的养老问题；建起新房后村委还可以支持他开个小卖部。这样既可以解决两家的危房问题，也可以解决李大哥的生计、养老问题。和云娟还承诺，基于李大哥家的特殊情况，她可以基于政策再争取更多资金。

就这样，李大哥终于松了口，但他对和云娟的质疑还没有完全打消。"这个方案好是好，但你确定能帮我申请多一点资金？更何况你能说得动我弟弟也同意这个方案？"他说，"除非能先做出点动静给我看看，否则我就一直住在这危房里。"

去李大哥家做了不下二十次工作，但他质疑和不配合的态度却丝毫没有转变。和云娟没有气馁，她将工作重点转向了李大哥的弟弟，不断分析利弊，动之以情、晓之以理，终于，李大哥的弟弟同意了这个方案。与此同时，村里其他农户的危房改造也进行得非常顺利，大家的居住条件都有了明显提升。"东家盖了新屋顶，西家打了新地板，这些消息不断传到李大哥耳里，他也开始坐不住了。"

终于有一天，李大哥跑到了村公所，要找"那个新来的小姑娘"，其他干部还忍不住跟他开玩笑说："你不是不相信她吗，现在怎么又来啦？"见到和云娟后，两个人热火朝天地讨论了翻修重建的细节。

回家后，李大哥再次打电话给和云娟，这时，他的称呼已从"新来的姑娘"改口为"小和队长"了："小和队长，如果新屋修好，我还想要一套家具。"和云娟笑了："没问题，你如果配合好，搬新家就给你送一套家具过去！"

很快，李大哥家陆续完成了翻修房顶、加固结构、换窗子等工程，还开起了小卖部。新屋建成时，一套沙发和桌子也"如约而至"，李大哥脸上露出了开心的笑容。

"当我介绍这是大仓种出来的石榴时，专家感到非常震惊"

融入当地干部群众后，和云娟将主要精力花在了为大仓社区谋划产业脱贫之路上。大仓社区定下的发展目标是将自身建设成为"粮仓、烟库、花果山"，即在保障粮食生产的基础上，提升和培优烤烟产业，稳定基本收入，同时大力发展高效益的水果产业，实现传统产业的转型升级。

定下了发展思路，和云娟就和村委班子商量起了具体的实现路径。他们将目光投注在了突尼斯软籽石榴的种植之上，于是她组织村里的致富带头人、村组长、先进党员代表等外出实地考察软籽石榴的种植情况，他们中一部分人表现出了很高的积极性，并愿意带头尝试。于是和云娟又请了省农科院的专家来实地考察，但这位专家评估当地环境后却表示不太乐观，他的理由有两条：一是大仓之前种植过桉树，对土地伤害比较大；二是大仓比较缺水，因此并不适宜种植软籽石榴。

但大家并没有就此放弃。专家走后，和云娟和村干部、致富带头人等共同谋划，认为专家所提出的问题都是可以采取一定办法进行解决的。譬如土地质量的问题，可以通过科学施肥、合理种植来解决；缺水的问题，则可以依靠村里的基础设施建设项目，从其他乡镇引来水源。经过一番分析，村里几位致富带头人信心提升不少，于是率先在大仓村种植软籽石榴。

和云娟深知"领头羊"的重要性，于是千方百计地为这些农户提供支持，她帮助大家向银行申请小额信贷用于安装滴管，又请了很多有种植经验的专家来上课，手把手传授种植经验。2019年果树种植下去后，在果树成长的初期，和云娟和农户们提前筹划销售工作，把精力放在宣传推广上。到了2020年，大仓石榴进入了盛果期，产出的石榴味道甜美，品相较优。这时省农科院的专家再次来到大仓，"我请他品尝石榴，并介绍这正是大仓种植出来的石榴时，这位专家感到非常震惊。"和云娟向他介绍了大仓种植软籽石榴的步骤，解决土质、缺水问题的办法及其他有利条件，这位专家也不由得对当地干部群众的努力表示了赞许和钦佩。由于扎实的前期宣传工作，2020年，大仓石榴获得了热销，甚至很多人慕名而来，到园子里进行采摘。和云娟也不余遗力地"带货"，她不断推荐亲戚朋友、同事同学购买；每次回厅里开会，也都会"安利"大仓石榴，并牵头相关行业企业做起了消费扶贫。

在强劲的发展势头下，其他农户也纷纷开始学习、效仿种植软籽石榴。大仓村的土地亩产值从之前不足两三千块钱，到现在已经上万元，真正从"千元田"变成了"万元田"。每当看到农户收获时喜悦的笑脸，和云娟都会觉得这两年流在大仓土地上的每一滴汗水都是值得的。

和云娟（右）参与劳动

"第一节课我教26个字母，他们都非常大声、非常兴奋"

来到大仓后，和云娟观察到村小学的孩子们很多都是村里的留守儿童，他们的父母常年在外打工，只有家里老人在照管，甚至有不少孩子的爸爸妈妈已经离异。她对孩子们的成长环境非常忧心，于是想为孩子们做些什么。她联想到自己从农村到了城里上学以后，学习上所面临的最大问题就是英语较为落后，而目前大仓村小学并没有开设英语课程，如果农村孩子到城里上初中后不能建立起学习英语的信心，那之后的英语学习会很吃力。

想到这一点，和云娟决定在村小学义务创办"大仓青苗英语班"。

"大仓青苗英语班"主要是帮助小学六年级的学生提前学习初一的英语知识，形成英语学习的启蒙教育。没想到五年级的同学们也知道了这件事，"他们就跟校长说，为什么不给我们上，我们也要上"，后来这节英语课就变成了五、六两个年级，80余名学生一起上课。和云娟笑着回忆道，"三四个孩子挤着坐一排，第一节课我教26个字母，他们都非常大声、非常兴奋，也给我打了不少气。"

就这样，和云娟每周除了完成驻村的本职工作之外，开始义务地抽时间为五、六年级的学生上课，每次将近两小时，如今已经一年了；哪怕现在她已经离开村里，去了镇上，依然会坚持每周返回来给孩子们上课。渐渐地，孩子们把初中上学期的英语课程基本学完了，都有了一定的英语学习基础。

和云娟在大仓青苗英语班教学现场

课上，和云娟除了教授英语知识，还会以课堂为平台跟村里的孩子们进行沟通交流，潜移默化地做他们的思想工作。和云娟观察到，很多留守儿童跟爷爷奶奶的交流不多，他们经常通过手机去了解外面的世界，但面对网络上鱼龙混杂的信息却缺乏判断力。因此她经常向孩子们介绍外面的情况，"我会和他们说国家面临的形势是什么样的，他们都会很认真地听。每次给他们介绍北京、清华的时候，他们都特别兴奋，特别想了解。"

除了辅导孩子们功课，和云娟还为学生们购买了英语教材；2020年"六一"儿童节来临之际，她更是积极联系爱心企业为大仓小学捐赠课桌椅175套……

就这样，在本职工作外和云娟又给自己安排了不少工作，但她并不觉得累，因为她觉得让大仓村的下一代成长好非常重要。

她的这些付出也都被学生和家长们看在眼里。一学期结束后，很多学生都发来短信问她："小和老师，您什么时候回来给我们上课？""小和老师，下学期您还会重新开英语班吗？"……六年级毕业时，很多学生都抱着留言册找到和云娟，希望她能为自己写下几句勉励的话，并说自己会好好学习，希望以后也能像"小和老师"一样考上好的大学。那一刻，和云娟觉得自己在大仓教育工作中所有的付出都是值得的。

"为什么今天爸爸妈妈却一直让我赶回去呢"

和云娟驻村地点大理州祥云县离老家丽江其实只有几小时的车程，但因为工作繁重，她却只能几个月才回家一趟。她的爱人在北京工作，两个人感情甚笃，却也总是聚少离多。提起家人，和云娟的语气充满幸福，却也带着几分愧疚。

2020年7月，正是脱贫攻坚普查工作开展之际，和云娟已经四个多月没有回家了。爸爸妈妈打来电话，希望她回家过生日。然而因为脱贫攻坚普查工作任务繁重，和云娟还走不开，她答应爸妈，等普查结束了再回家补过生日。

"那是我生日的前一天，那天正好出差，在外面做调研。调研结束时已经很晚了，我爸妈却打来电话，问今天晚上什么时候能够回到村里。"和云娟解释道，因为天色已晚，她打算在外休息，第二天再赶回村里。不料爸妈却催促她，要她今晚就一定要赶回大仓村，她笑着回忆当时爸妈的理由，"他们说，你赶快回村，千万不能影响第二天的工作。"

"我觉得很纳闷，往常爸妈都是告诫天黑后就不要开车了，以免不安全，为什么今天却一直让我无论如何都要赶回去呢？"更奇怪的是，远在北京工作的爱人也几次打来电话，要她今晚无论如何都要回到大仓村。和云娟有些不解："我说这么晚我开车你放心吗？"最后爱人表示理解，并嘱咐她第二天早上一定要早点回去。次日一早，和云娟就驱车赶回村里。没想到，刚到村口，她就看见了三个熟悉的身影：爸爸，妈妈和还有原本远在北京的爱人。她顿时惊喜得尖叫了起来，下车和三位家人紧紧拥抱。回到村公所，家人们捧出了提前准备好的生日蛋糕和礼物，为她庆祝生日。

爱人向她解释了这次惊喜的安排，"原来他早就计划在我过生日的时候，请几天假，从北京飞到丽江来陪我，但后来他知道我不回丽江了，就改变了计划，和我爸爸妈妈悄悄商量，想给我准备这样一个惊喜。"其实在和云娟外出出差、计划不回的那天，她的爱人就飞到了云南，并接了爸爸妈妈，一同驱车来到了她工作的乡镇，悄悄等待并准备在凌晨给她一个超乎寻常的惊喜。谁知和云娟的行程临时有调整，才出现了上面提到的家人们催促和云娟回村的一幕。

　　听完这些，和云娟感到既欣喜又内疚。欣喜的是父母不辞辛劳、爱人不远万里地来工作地点陪她过生日；内疚的是自己在工作上太拼，没有时间好好陪家人，还让家人们为自己操了很多心。每次提到工作中取得的成绩，和云娟总说她最亏欠的就是父母和爱人，没有他们的包容理解、默默付出和全力支持，自己很难全身心投入驻村的各项事业中。

　　一晃眼已是两年，和云娟说，大仓社区早已成为自己的"第二故乡"，这里的一花一草，一人一物都牵动着她的心弦。两年来，驻村之路上一幕幕感人的瞬间都使她更加坚定自己的初心以及身上的使命："驻村扶贫的两年，将是我人生中最宝贵、最难忘的一段时光。"

采访丨郭栩　吕淑敏　潘胜杰　杨绒

撰稿丨潘胜杰　吕淑敏

金鹏剑：

以理想的态度，走进真实的世界

人物简介： 金鹏剑，清华大学社科学院2016届博士毕业生，清华大学学生领导力"唐仲英计划"三期学员。2016年博士毕业后参加宁夏选调，先后在宁夏吴忠市利通区扁担沟镇、金银滩镇工作，现为吴忠市金融工作局党组成员、副局长，现任上海市松江区发改委挂职副主任。

为什么去基层？

在毕业时选调宁夏是我投的唯一一份简历，在做出决定以及真正来到基层的前半年，被问到最多的一个问题，就是为什么去基层。我本科是学计算机，硕士是会计，博士是经济，都是一些所谓的热门专业，身边同学也大多在投行、证券、央企等工作。我去基层工作的决定是逐渐清晰和笃定的。

最初的种子就是希望能够改变家乡。我来自宁夏吴忠市同心县，当地属于较贫困的南部地区，高中之前一直在这里度过。印象中小学时经常是漫天黄沙，即便在教室里头上也会不停地下沙。后来随着国家防沙治沙的投入，初高中后沙尘暴已经少见。但是与大城市的日新月异不同，这里几十年如一日，大概2012年之前基本上没有任何变化，包括房屋、道路等，所以希望能够改变家乡的风貌是最开始也是一直以来的一颗种子。

因为"唐仲英计划"，我遇见了更好的自己。我本人就是在"唐仲英计划"的培养下不断明晰自己的职业规划和未来价值所在，同时不断提升自己的专业技能。清华人从来不缺少情怀理想，也不缺乏担当的勇气和责任，但是对于担当的智慧，或者说如何让我们的情怀更好地落地，则需要我们真诚地聆听老师和学长的经验指导与分享，更需要我们在实践中自己去寻找、去发现。在这方面学校、学院以及"唐仲英计划"为我们提供了非常好的平台。一方面，通过在"唐仲英计划"的学习，系统了解和探寻中国文化的根源、中国政治制度、土地制度等，逐步培养起我们的公共服务理念，使得我们到公共部门，尤其是到基层以后能够发现问题，并找到问题的根源，同时有选择性地进行有意义的改变；另一方面，借助"唐仲英计划"的支持，在校期间我参加了多次实践，包括陕西、贵州、宁夏等，也在民政部实习过一段时间。通过"唐仲英计划"提供的各种各样的实践机会，让我近距离地了解了中国真实的情况。虽然有时候不一定美好，但却是中国真实存在的状况。这些经历，让我有机会近距离了解政府的工作机制、不同地方的人才政策差异、真实的基层现状等。也正是因为随着了解的深入，不断明晰什么才是自己最想做的，并不断修正自己的人生规划。总的来说，去基层的决定，一方面是受到学校的价值引导，或者说是学校赋予了我"经世济民"的家国情怀，以及努力追求并实现这种情怀的勇气。另一方面因为长期跟踪联络基层的校友，通过他们也了解了更多更真实的基层，所以在去基层的道路上并不孤单。一代青年有一代青年的历史使命。我想，清华教会我的不仅是知识和掌握知识的方法，更是一种内心的坚守，启发我对生命意义的思考，和对所处社会、所在世界的审视。单靠北上广深的繁华代表不了中国的富强，广大中小城市的高速发展才能真正有力助推中国的复兴。我希望自己能够和广大基层校友一样，扎根基层服务人民，以理想的态度走进真实的世界，用自己的所学做一些实实在在的事情，用自己的行动做一点有意义的改变。

金鹏剑在宁夏选调生招录暨人才引进政策宣介会上宣讲

基层的工作

初到基层，我是以求学的姿态汲取营养，一方面主动学习与农业、农村有关的方针政策、技术知识，增强自己的理论功底，另一方面利用一切时间走村入户，进行实地调研。

我在基层的第一个岗位是宁夏吴忠市利通区扁担沟镇党政秘书。8月正值地方乡镇五年一次的换届，到岗一周还在熟悉环境的我，就接到了第一项任务，起草撰写镇政府五年工作报告，该报告要在镇人代会议上审议。对于新入职的自己，内心是颇感压力。随后的时间里，我认真梳理学习中央、地方各级相关文件资料，构建文本思路框架，同当地领导同志积极沟通交流，对全镇近年的工作成效进行细致汇总。历经十余次的修改订正，终于将工作报告圆满完成，同时因表现出色也得到了领导们的认可与肯定，后续大部分对外对上的文稿也"理所应当"地交由我负责起草完成。

扁担沟镇党政秘书的任职经历，为后续工作建立了良好基础。通过多留心、多积累，我一步一步建立起自己心中的"政务数据库"，所以每次都能完成领导交办的各项急、难文稿起草任务。同时，我还利用一切机会入户走访，加强与基层群众的沟通交流，从工作的角度，只有亲身走进、倾听、察觉每个家庭、每个人的生活、命运，才能对生命有形象的而非概念的、切实的而非想象的认知，才知道听到的一个故事也许就是别人的一生，工作中的一个文件可能带给群众什么样的影响。入职三个月内，我便将辖区内所有的村民小组逐次进行了走访，除了及时获得群众生产生活中的一手信息，也利于自身尽快熟悉群众情况，为日后工作奠定坚实基础。

2018年1月，我调任吴忠市利通区金银滩镇副镇长，分管"大农业"，包括农林畜牧、环卫、征迁等工作。该阶段的工作强度也较大，2018年2月至10月，我仅休假了6个周末，其余时间基本在工作岗位上。

在农业产业发展上，我结合本地实际，在充分调研分析市场及发展前景的基础上，积极引导当地大力发展特色产业。比如在金银滩镇工作期间，建成利通区首个稻鱼有机种植示范园500亩，努力打造当地有机品牌，该示范点至今仍然是利通区农业主要特色观摩点之一。在西滩村引进天芫康农业科技有限公司，流转土地1500亩，主要种植香菜、菠菜等，建成集种植、仓储、冷链、物流一体化的永久种植基地，采摘期每天解决周边人群就业150人，该产业已成为西滩村发展致富的支柱产业。

在项目拆迁过程中，我自己总结的方法论是"熟悉政策，适度施压，逐个分化，分类判别，分解诉求，综合施策，坚持底线"。做好工作的前提是熟悉相关领域的所有政策。可能群众的部分诉求无法通过拆迁政策本身解决，那就尝试综合施策，通过民政、工会等其他方式解决。总之站在群众角度该为群众争取的积极争取，但是该坚持原则的一定要坚持原则。禁养区内畜禽养殖场的关闭搬迁是当年从中央到地方各级政府都非常关注和督查考核的重点任务。在除夕放假的前一天我们接到了正式搬迁通知。为了深入细致做好禁养区政策宣传和关闭搬迁工作，春节期间我主动到各个养殖场给相关人员拜年，了解当事人员的诉求和困难。随后无论是刮风还是下雨，几乎每天我都会到现场做工作，与牧场主一起想办法解决搬迁过程中面临的各种各样的现实困难，包括临时排污、新场地选址等。在6月时又值炭疽疫情暴发，在按期完成搬迁工作的同时，还要做好各类畜禽的检疫防疫工作。虽然整个工作节奏极快，有过争论有过疲倦，但是整个关闭搬迁工作有序推进，按期关停了禁养区内20余家规模养殖企业，完成畜禽迁移20000余头，未出现一起重大纠纷和影响环境事件，该项工作得到了各级领导肯定和当事群众的认可。此外，妥善解决了多个银西高铁、城际铁路、307国道、344国道、棚户区改造等项目遗留问题。

任职期间发生的一起重大（突发）事件让自己印象较深。当时武汉一家企业在当地建立了供港蔬菜种植基地，后因企业经营不善，企业资金链出现问题，使得当地两个村5000余名村民的土地流转费出现拖欠，金额累计400余万元，并造成近四百名云南、贵州、四川籍农民工失业后不能顺利返乡。因企业老板突然潜逃，引发大量云贵川农民工到镇政府聚集维权。我作为时任分管领导，在及时向上级领导汇报请示的同时，协调全镇人员、综合执法和公安民警积极疏导人员，防止群众出现过激行为。在暂时安抚住群众后，一方面及时向上级沟通，多方筹措资金，向群众分发临时现金救助，以便他们尽快重新寻找工作。另一方面，想方设法联系企业负责人员，协助企业解决周转资金问题，最终该事件在法律和政策框架内得到了圆满解决。

2019年1月我调整岗位到吴忠市金融工作局，主要工作包括两方面，一是协调对接驻地方金融机构支持服务当地经济社会发展，尤其是对重点项目、重点企业的融资支持；二是对小贷、典当、担保等类金融机构的日常监管。在新冠疫情防控期间，协调督促银行机构累计为当地各类企业发放贷款24.2亿元，减息611万元，有力地助推了当地经济发展和企业的复工复产。同时主抓的"金融超市"项目顺利运行，也得到了市政府主要领导关注和支持。在大家的共同努力下，虽然金融工作局2019年才正式成立，但是无论是在提升全市普惠金融方面、在推进政银企合作方面，还是金融改革创新方面、有效防范化解金融风险方面，都取得不俗战绩，几次得到吴忠市委、市政府和自治区金融局主要领导的肯定，并在2019年全自治区考核中位列全区第一。同时我结合专业所学，也会定期向市委、市政府撰写专报，在解决一件又一件具体事务的过程中不断增强对全市金融业态发展的把控能力。

2020年7月至今，我到上海市松江区发改委挂职副主任，分管金融服务，协管产业、规范、改革发展等。只有参与到实实在在的工作过程中，才能体会到上海在经济社会发展中的政府运行、产业引导等方面的特殊之处。负责的几项重点工作也得到了当地领导肯定，比如牵头起草《松江区关于推进创新创业债发行的工作方案》，已经在区政府常务会议审议通过，松江区首家民营企业新阳半导体双创债完成首发。松江新城建设是上海市委确定重点发展的五大新城之一，按照领导的要求，目前由我负责整个新城建设投融资方案的研究制定工作。

金鹏剑参与松江上市企业座谈会

工作的感触

在新时代很多时候没有现成的方向和办法，"摸着石头过河"在追随阶段可以，"光脚不怕穿鞋的"，反正是一穷二白。但是现在不一样，进入新时代处在引领者位置的时候或者说已经"穿上鞋"的时候，不能再摸着石头过河，在这个时候需要视野更国际化、接受新事物更开放、学习能力更快速的当代治理者来重新找到方向继续前行。我想这是我们投身公共服务的责任，也是我们与传统行政人员的区别所在。当然，我想持续地满足这些条件，需要持续地学习，保持学习的能力，这是根本。

我现在已经在宁夏工作5年，初到基层我是以求学的姿态汲取营养，向同事请教，拜群众为师，广泛涉猎各方面、各领域知识，另一方面利用一切机会参与各项工作，通过用心感受、积累经验、及时总结，从中提取有益经验为己所用，不断地提高自身处理基层事情的能力，也不断地充实自己。通过去基层工作，才能尽可能地了解真实的基层。解决问题的关键和方法就是寻找当地的焦点和难点，运用我们在学校受到的理论训练，不断地激发我们的问题意识以及对现实的敏感性，只有这样才能真正地发现问题、提炼问题和研究问题，进而在我们的工作中努力用所学知识解决百姓遇到的实际问题，让每一天都过得充实而有价值，也让群众的生活因此而变得更好。

基层岗位的宝贵工作经历，加深了我对基层部门工作的认识与理解，有效提升了自身综合能力，也使得我投身公共服务事业信念进一步增强。后续若有机会，我还会更多地深入群众一线，为百姓多做些实实在在的事情，多修一些渠道、多修几段路、多为老百姓解决一些实际问题，能够让老百姓的生活水平得到切实提升。

这几年既经受了在基层相对艰苦条件下从小事做起的考验，也体验了运用所学知识服务基层的喜悦，尤其是在担任领导职务后，对"事非经历不知难"的感受更深，对"办法总比困难多"的认知更切。因为基层，尤其乡镇是离群众最近的地方，也是最接地气的地方，我了解到基层和群众在想什么、盼什么、需要帮助解决什么，而这些都是在以后的工作中指导和改进工作的客观依据。我一直认为能够来到清华是我最幸运的事情，而加入"唐仲英计划"则是幸中之幸。如果说，在学校里，我们心中的"人民"一词在多数情况下还停留在概念的层面，而成为基层的一名工作人员，长期身处群众之中，"人民"就变得生动而具体。如果能够因为我而让更多的群众过得更好，这就是我最大的价值，也是我追求的目标。

　　中国共产党在经历了那么多坎坷和风雨之后才取得了今天的成就，而且始终坚持最根本的目标和宗旨，也正是因为这些历尽沧桑的经历和赤子之心，才更有底气继续砥砺前行。对个人也是如此，个人的成长需要不断磨炼，而最好的磨炼就在基层。从事公共服务不只是谋生的手段。通过踏踏实实地扎根基层，想群众之所想，盼群众之所盼，用实际行动践行我们对清华的承诺，对唐仲英先生的承诺。保持一颗敬畏之心，到社会最需要我们的地方去实现自己的价值，用自己的实干为基层做一点有意义的改变。这条实现理想与肩负使命的路途虽然充满了未知与变数，但不论境遇如何风云变幻，我相信只要脚踏实地去努力，同时不忘出发时的心境，就能走得踏实、走得更远。

　　仰望星空，脚踏实地，不忘初心，坚持做一个对社会真正有价值有贡献的人。

金鹏剑在田间地头走访

撰稿｜金鹏剑

姜　鹏：

做一朵时代洪流下的浪花

人物简介：姜鹏，清华大学自动化系2019届硕士毕业生，清华大学学生领导力"唐仲英计划"七期学员，毕业后前往重庆市荣昌区工作，现担任重庆市荣昌区昌州街道八角井村书记助理、兴农联合党支部书记。

八角井村，位于重庆荣昌区城郊南部，全村辖区面积4平方公里，对于2019年刚刚从清华毕业的选调生姜鹏来说，它和清华几乎一样大。从到八角井村的那一刻起，姜鹏的喜怒哀乐就与他口中这个"三无三缺三没有"的西部山村紧紧地联系在了一起。

"等抗疫回来后，我一定给你一个圆满的婚礼"

毕业季，姜鹏放弃了十余个单位递来的橄榄枝，在选调生分配意向征集表的六个空格处，他整齐划一地全部填上了"荣昌"。

也同样是在毕业时，他向女友求婚成功了——

姜鹏和女友，一个是木讷寡言的清华理工男，一个是善解人意的北大文科女，妥妥一对"学霸"佳偶。在象牙塔的时光里，他们共同穿梭在"连骑车都会堵车"的学堂路上，往返于嘈杂的实验室和静谧的图书馆，偶尔也会流连在热闹的北京街头。这段平凡而甜美的爱情在校园里生根、发芽。

他向女友承诺："我先到重庆报到、安顿一下，等年节咱们就回江苏老家办婚礼。"

在静待婚期到来的日子里，还在努力适应着重庆气候和饮食的姜鹏，早就开始在心里盘算婚礼的整个流程，盘算着要怎么在婚礼上给女友一个大惊喜。

　　然而，曾憧憬过无数种婚礼当天场景的姜鹏，却怎么也不会想到"新郎逃婚"这样"狗血"的剧情会发生在自己的身上！

　　年节如期而至。正在江苏老家筹备婚礼的姜鹏，突然接到了重庆发来的返岗抗疫通知。一向沉着淡定的他突然有些不知所措，"那一刻，才真切地感受到曾经许下'不离不弃、长相厮守'的诺言是何等沉重。"他把那则通知看了一遍又一遍，但还是没能想出一个两全其美的办法来。

　　没办法，他最后还是给远在内蒙古老家的女友打了电话："亲爱的，对不起！我可能得赶回重庆一趟，村里有些防疫工作需要我去落实……"姜鹏说得很轻，他不敢想她会有怎样的反应，也不敢猜她会是怎样的心情。

　　时间，好像真的定格在了那一刻。

　　"你安心去吧！"过了很久，她先打破了沉寂。

　　姜鹏仿佛看到了女友眼角闪烁的泪光，那一刻，他的心碎了，他后悔了，后悔在这个时候告诉她，告诉她新郎不得不缺席婚礼。

　　"等抗疫回来后，我一定给你一个圆满的婚礼。"姜鹏多么希望这句话能多少挽回一些什么，虽然他也不知道能挽回些什么。

　　"你去吧！我等你。"

　　"放心，咱爸妈那边就交给我，你在那边，要照顾好自己。"爱人的支持让姜鹏心里好受了许多。

　　"那，什么时候能回来呢？"女友下意识地追加了一个词，"大概。"姜鹏一时不知道该怎么回答。

　　"没关系，不管多久，我都等你。"

"除了医生的专业诊断干不了，其他都能干"

　　收拾好行李来到机场，姜鹏清楚地记得，女友一再叮嘱他别忘了带剃须刀。因为，她还一直记得他上次忘带剃须刀，出差回来时那满脸胡须的样子。

　　回到重庆，只到住处进行了简单的安顿，姜鹏就开始工作了。他拎着一个喇叭，走街串巷。这个江苏小伙，用当地方言喊着村干部们一起编的防疫顺口溜，提醒乡亲们减少外出，保持个人卫生。

春节期间，抗疫工作一刻不停。除了消毒、防疫宣传等常规工作外，村干部们还要帮居家隔离的乡亲们解决生活难题。大到生活必须，小到鸡毛蒜皮，他都全力做好服务。有一次他把一包从几十里外买来的酸辣凤爪交到一位村民手中，那位村民至今都记得他的好。

没过多久，姜鹏又接到了一个新的任务：组织上希望他能去支援区里的医学集中隔离点。

姜鹏（左）参与防疫宣传工作

而在那里，住的几乎都是新冠确诊患者的密切接触者。

看着新闻报道里逐日攀升的确诊人数，姜鹏坦言，他有点发怵、有点害怕，但这份恐惧并没有让他有丝毫的犹豫："没问题，我上！"

"我回去收拾一下，马上就去隔离酒店。"

两小时后，姜鹏就准时来到隔离酒店门口报到。经过培训后，他迅速地加入了隔离区的服务工作当中。一直忙到晚上，姜鹏才想起来跟女友报个平安。

他千叮咛、万嘱咐："亲爱的，这事儿你可不能让咱爸妈知道哈！"

在接下来的38天时间里，姜鹏一直都待在隔离酒店的第九层。打水送饭、打扫卫生、修电视、重置 Wi-Fi、疏通下水道……

"除了医生的专业诊断干不了，其他都能干。"

他记得有一次，一位被隔离了十天的老爷爷因为酒店房间的电视故障而大吵大闹。姜鹏虽然不会修理电视，但还是硬着头皮去试着修理了。可是他在电视机前忙活了大半天，还是没能把电视修好。看着他汗流浃背的样子，那位老爷爷也不闹了，反而跟姜鹏唠起了嗑。往后几天，姜鹏得空就来陪这位老爷爷聊天解闷。隔离结束，老爷爷离开酒店的那天，还没忘了给姜鹏留了个地址——

欢迎到他家里去做客

姜鹏在隔离区服务

就这样，姜鹏迎来一批，又送走一批。他默默地记住了每一名群众的生活习惯，刚进来时大家多少都有些不配合，但是经过十四天的朝夕相处后，他们都与这个陪吃、陪住，还陪聊天的小伙子结下了深厚的友谊。在这38天里，木讷寡言的姜鹏做了很多事，也想明白了很多事。他曾担心自己嘴笨而难以跟陌生群众打成一片。不过在隔离区里的这段时间里，他逐渐意识到只要有真诚的心和真诚的行动，即便没有能说会道的口才，也能真正地"到群众中去"。

白天忙完后，无论多晚，姜鹏还是会给家人报个平安。然而，尽管女友反复叮嘱过，他还是忘了带剃须刀的充电器。为了不给楼下其他后勤同志添麻烦，他一直忍着没理胡须，就这样，胡子又一天天长长。为了不被爸妈察觉到自己进隔离酒店一事，他由视频聊天，改为用语音给爸妈报平安了。只有在单独跟女友聊天时，他才敢打开视频。

疫情一天天好转。姜鹏负责的第九层先后住进了50多名被隔离的群众。直到第38天，送走最后一名被隔离群众后，他才走出了酒店。

天已经全黑了，他想着赶紧回到住处洗漱一番，再跟家人报个平安，这回可以开启视频聊天了。寒风中，他回想起了过去一个多月里时时刻刻紧绷的神经和疲乏的身体，心底里莫名地涌起一阵热血。他感到这一路上的灯光仿佛都在迎接他的凯旋，他对眼前的这座西部乡村产生了从未有过的亲切感。想着想着，脚下的电动车也不由自主地加快了几分。

完成隔离区服务前后的姜鹏照片

当再次出现在手机视频镜头前时，姜鹏已经面容整洁。为了在爸妈面前显得精神一些，他刻意挑了一件亮色的衬衣。镜头前，一种如释重负的轻松感让他不由自主地多说了很多话。他知道，他多说一点，爸妈可能会多安心一点；但他不知道，在看到他面容整洁出现在手机屏幕上的那一刻，"她"就已经控制不住眼里的泪水……38天，又一个只属于他们俩的秘密。

直到姜鹏获评"重庆市抗疫先进个人"的消息传到江苏老家，这对新人才在爸妈面前坦白了这个秘密。好在门口庆婚的鞭炮声及时响起，这场婚礼终于回归到姜鹏的预设轨道。

"明明看到了问题，却束手无策"

回想起刚到重庆荣昌八角井村工作的半年时间里，姜鹏坦言，当时对一些基层工作是不理解的，有时甚至感到烦闷和愤怒。

令他印象深刻的是第一次参与村民纠纷调解。那日，他接到村民来报，说村口的张、王两家吵起来了。

他没等村里其他干部回来，就同来报的村民火急火燎地赶到村口。等赶到现场时，他才意识到自己还不太能听懂当地方言。他认真听了半天也没理清楚两家人到底为何事争吵。眼看着双方越吵越激烈，并都摆出了要大打出手的姿态。他忍不住冲了进去，操着一口蹩脚的重庆话，好说歹说总算是把双方先劝开。大家伙看到来了个村干部，就一致让他来评评理。好在围观群众中有一名中学生愿意居间"翻译"，姜鹏才慢慢理清事情的原委。

姜鹏（站立者）在村里开展工作

尽管双方吵得不可开交，但是事情本身并不复杂：张、王两家的土地相连，张家怀疑王家喷洒农药时溅到了自家土地上，导致张家培育的经济作物大面积枯萎。姜鹏听完后马上想到"谁主张，谁举证"的法律规定，于是就问张家人是否能拿出证据。

姜鹏正想着怎么跟大家解释"证据效力"问题，王家人就接过话大骂了起来。两家人又一次陷入你来我往的口舌之争当中。

直到村书记赶来，才又一次平息了双方的怒火。与姜鹏不同的是，村书记既没有问张家人要证据，也没有向大家解释所谓"证据效力"的问题，而是先驱散围观群众，再把张、王两家人拉到一边，聊起了两家人的恩仇宿怨。也不知道为什么，两家人的争吵就在一边聊天和一边抽烟当中不了了之了。

在回来的路上，姜鹏向村书记请教如何化解两家矛盾。村书记只是淡淡地回答道："我没有化解他们的矛盾，只是暂时平息了他们的怒火，说不定过几天他们又会吵起来。"姜鹏不是很理解，为什么不彻底解决问题，而要把风险推向未来呢。不过转念一想，他也不知道该如何彻底解决问题，毕竟他还没想清楚怎么跟群众解释"证据效力"的问题。

村书记似乎看出了姜鹏的疑惑，但他只是淡淡地补充一句："有些问题，我们根本解决不了。"

在往后的日子里，姜鹏经常碰到这种"解决不了"的问题。

"明明看到了问题，却束手无策"——这种无奈的感觉让向来喜欢"攻克难题"的姜鹏很难受。然而，每次遇到这种问题，他还是会毫不犹豫地铆足劲向前冲。

基层的治理任重道远，但他还是希望自己能把那些问题彻底解决掉，他不相信，每次都会在现实面前败下阵来。

"叔叔，你知道我爸妈今年春节会回来吗？"

姜鹏不得不接受的另一个现实是八角井村是一个"普通得不能再普通"的西部山村。

这里，无基础、无优势、无特色；缺资金、缺技术、缺管理；没有山水、没有古迹、没有禀赋。面对这种"三无三缺三没有"的现实，很多村民选择外出打工，甚至可以说是纷纷逃离。

刚刚走出校门，姜鹏对教育问题有着天然的关切之心。到八角井村的第二天，他就走访了村小学。在他看来，村小学的办学条件相当简陋，无论是硬件还是软件，都很难给在校学生提供优质的教育。更令人担心的是，这些适龄儿童的家庭教育条件也存在先天不足。因为青壮年大多外出打工，小孩只能与老人在村留守；虽无挨冻受饿之虞，但却缺少父母的陪伴和家庭的温暖。

姜鹏记得，有一次他正给一位居家隔离的老奶奶送餐时，一名刚上一年级的小女孩出来拿餐。

那名小女孩接过餐盒后，怯怯地问了姜鹏一句："叔叔，你知道我爸妈今年春节会回来吗？我好久没见他们了，有点想他们。"

姜鹏心里清楚，因为疫情原因，眼前这位小女孩的爸妈很可能今年没办法回家了，但是小女孩渴望的眼神还是让他决心要帮她联系上爸妈，哪怕是在手机视频里见上一面。几经周折，姜鹏终于打听到了小女孩爸妈的联系方式，并拨通了视频电话。

这是小女孩半年来第一次看到自己的父母。小女孩问爸爸妈妈，今年过年能不能回来。她出乎意料的平静语气，反倒让姜鹏感到莫名的心疼。小女孩和爸妈聊了不到两分钟就无话可说了。挂了电话，小女孩一边说着谢谢，一边把手机递给了姜鹏。

姜鹏强忍着眼泪接过手机。他不敢去想那小女孩到底经历过多少次不舍，才"练就"那一番"懂事"的平静，他也不敢去想到底要经历多长时间的离别才会让骨肉至亲之间无话可说，他更不敢想还有多少小孩、多少家庭正无奈地忍受着这种无声的离别和伤痛。

"做时代洪流下的一朵浪花"

"在这波澜壮阔的大时代里，我们如同一朵朵被托起的浪花流向远方，流向前方，流向我们向往的地方。"毕业那天，姜鹏一笔一画地将这句话写在了学校留言板上。

他和荣昌，结缘在十九大胜利闭幕两个月后的一次学校实践中。那次调研的主题正是十九大报告首次提出的"乡村振兴"战略。

姜鹏一直记得邱勇校长在2017年本科生毕业典礼上的讲话："如果没有'滚足泥土'，那么'纵有造福底层的愿望，也可能背离底层福祉'。"只有真正来到了基层，才会懂得基层工作的不易。

就在隔离区服务的那38天里，姜鹏有了更多静下心来思考的时间。他把专业技能和专业思维用在了发展村集体经济上，和其他村干部齐心协力，共同探索并设计出了一套符合八角井村发展实际的集体经济建设方案，该方案获得了多方肯定。

学习在继续，探索在继续，成长和奉献在继续，姜鹏和基层、和荣昌的故事，也还在继续。

正如他曾在一篇记录自己与荣昌情缘的文章中这样写道：秋高气爽的碧水蓝天间，脚踩高筒靴，在田间地头紧盯农业生产；冬日凛冽的寒风冷雨里，手撑篷布伞，在房前屋后推动脱贫攻坚；乍暖还寒的肃杀氛围中，身穿防护服，在医学隔离点做着服务工作；炎炎夏日的似火骄阳下，头顶竹篾帽，在院坝之中检查项目施工进度。

一年多来，从春棠艳到秋桂香，在寒来暑往中，荣昌不再是异乡。

采访｜魏海龙　蓝学友　马昕

撰稿｜蓝学友　吕淑敏

谈梦泽:

投身四川、扎根基层，做对新时代
有价值的基层"清华人"

人物简介：谈梦泽，清华大学精密仪器系2014届硕士毕业生，清华大学学生领导力"唐仲英计划"三期学员。2014年经四川省急需紧缺专业选调生项目选拔到川工作。在川7年，历经"省市县（区）乡村"多层级多岗位锻炼，先后在四川天府新区、省委办公厅、成都市委组织部以及乡镇、贫困村工作。其中，在省定建档立卡贫困村担任近两年驻村"第一书记"，并先后担任乡镇党委委员、党委副书记、乡镇长和党委书记，现任简阳市临空经济产业园党工委委员、成都大凉山农特产品加工贸易园党工委副书记、管委会常务副主任。

谈入职感触，他说"停止进步，是我内心深处最大的恐惧"

谈梦泽还记得，2018年4月，清华大学党委副书记过勇老师带队到四川看望校友。座谈会上，他作为选调生代表之一向母校老师汇报在川工作经历、体会和感受。

"到岗工作3个月，我就准备辞职了。"谈梦泽汇报时，开场第一句话就让大家"面面相觑"。回忆到此，谈梦泽不禁莞尔："我不是要哗众取宠，更不是想着怪言怪语来'一鸣惊人'，我只是觉得当着母校老师和组织部的领导、其他校友的面，我一定要讲自己的'真心话'。"

"理想和现实总会有差距，尽管我以为我对现实的落差做好了充分心理准备，但现实仍然非常现实。"

在刚参加工作的头三个月里，谈梦泽的日常用七个字就可以总结，"端

茶、倒水、送文件"。他所在的天府新区投资服务局，主要的职能是分析产业
生态、挖掘目标企业、联络客商磋商，工作中最主要的内容就是与客商座谈，
所谓"端茶倒水"就是会务准备工作，而"印送文件"则是内勤任务。"繁杂
琐碎的、日复一日的工作，要说心里没有落差是不可能的。我们并不是'眼
高手低'，只是面对具体的现实，我对自我价值实现产生了怀疑。"

　　然而，这名湖北小伙，却没有真的"一蹶不振"、轻言放弃，而是踏实干
到了现在。

　　转折，来自一次小小的"意外"。一个偶然的机会，他在单位领导的车
上，看到了一本已经翻得发黄的《呼啸山庄》——一本英语专业八级的人阅
读起来可能都会感到吃力的英文小说。当时，天府新区是四川省唯一的国家
级新区，承担着"平地立城，白纸画图"、为四川再造一座产业成都的重要使
命。而投资服务局就是促进新区发展的"一线战场"，经常有外商前来洽谈。
很快，他就发现自己的那点儿文献阅读式的英语"不够用了"。

　　"主要是发音。很快我发现我们单位从科员到局长，很多人口语水平都
比我好，而他们大多是十几年前毕业的本科毕业生了，本专业还都不是英语。
我顿时感觉很惭愧，心中清华人那种'耻不如人'的感觉，一下就冒了上来。"

　　从第三个月开始，谈梦泽感到"上班不再痛苦了"，甚至觉得"有点快
乐"。原来，他重新捡起了以前读书时的热情，坚持每天提前3小时起床，从
音标开始矫正发音，练习完再去上班。这个习惯一直坚持到他调动到下一个
工作岗位。"当我发现因为工作的需要，倒逼我必须去重新学习，而这份工作
能够让我继续学习、进步和成长，我的心里忽然就安定了。于是我才明白，
停止进步，才是我内心深处最大的恐惧。"

　　观念改变，心态也就踏实，也就更容易做出成果；做出成绩，也就能获
得更多的机会。梳理7年的工作经历，谈梦泽说："初进队伍的我，努力跟随
大家的快节奏，一年下来对接了300多家企业，签署17份投资合作协议，参
与了4个省市重点项目。现如今几年过去，那个我工作过的地方现在叫西部
（成都）科学城，俨然已是一座新城市。再后来，我到省委办公厅工作，所在
处室的职能是'以文辅政'，承担省委主要领导的文稿服务和重要调研。半
年的时间里，我这个半点文字功底没有的'门外汉'慢慢在文字上'入了

门'，最后能参与报送给中央的报告、省委书记讲话材料的起草。再后来，到市委组织部，又到贫困村做第一书记。"在基层学打法、在机关学规矩、在新区谋产业、在省厅练文章、在组工战线锤炼作风、在基层、扶贫一线提升素能……在每一个新的岗位上，谈梦泽都坚持积极学习、主动作为，努力创造着自己的价值。

谈梦泽（左一）在果蔬产地考察

因为在省市机关的优秀表现，2018年，谈梦泽通过中共成都市委"践行新理念·建设新天府执政骨干工程"选拔，从数百名市级机关优秀青年干部中脱颖而出，去到成都市"东进"的热土——简阳市，担任乡镇长，并于一年后转任乡镇党委书记。

回忆刚参加工作时的"不适应"，他非常感恩那时的经历，他说："现在回过头来看，当时我自己一个刚刚毕业的'小年轻'，很多任务并不是一定就能胜任的，'端茶倒水送文件'就是一个见习、熟悉的过程。谁又没有经历过这样的阶段呢？我不是一个孤例，但怎么度过这个阶段，需要找到支撑自己前进的力量。我和同批的同学交流时，大家发现支持自己走下去的这股力量，很多时候是来自母校的教育，来自'厚德载物，自强不息'的精神引领，所以感恩老师、感谢母校！"

谈人生选择，他说"选调是一生的事业，再选一次我还会这样选择"

面对23份入职邀请，你怎样去做一个选择？研究生毕业时，谈梦泽班里曾统计大家的就业情况：那年他们班同学人均有7个就业机会，而谈梦泽有23个。其中包括有"户口"的中科院某所，"高收入"的上海某券商，以"搞技术"闻名的深圳某知名通信企业等。"当时我算了一下，经济收入最高的是华为，税前接近35万，如果留得住，每三年还能翻一番"。

回首曾经的选择，他直言："如果不是清华，我从来没有考虑过要到公共部门服务，更没有考虑过到基层一线工作。如果不是'唐仲英计划'和在校期间所接受的就业引导，我也没有机会通过实习、实践去了解认识公共部门和选调生项目。如果不是师长、校友的言传身教，我更不会如此坚定地做出自己的职业选择。"

回忆起曾经在清华参加过的活动，谈梦泽仍然觉得受益匪浅、记忆犹新。他说起当时在西阶教室的一次校友座谈活动中，有一位师兄，"他给我们讲，他在西藏当"村官"，除了日常的村里事务，他还肩负带领群众保护青藏铁路的重任——这条在学长辖区范围内几百公里的铁路，不仅有经济意义，还有政治意义—— 有很多藏独分子会蓄意破坏，所以学长他们需要去'守护'这条'生命线'，职责使命十分重大。"还有另外一位学长，是河南上蔡县文楼村'艾滋村'的村支书。"文楼村贫困艰苦，村民们因穷而卖血，却导致了艾滋蔓延，全村近70%的人都携带有艾滋病毒，病魔阴影笼罩，村庄发展举步维艰，无人敢问津，而魏华伟却主动申请去文楼担任村支书，一当就是好几年。

"在清华人身上，这样的故事太多了，他们扎根基层、服务一线的持久坚守，但行好事、不问所得的家国情怀对我触动很大，以至于慢慢我开始认识到，单纯追求个人的财富的增值有些浅薄了。清华塑造了我的价值观。"谈梦泽投身基层公共部门的愿望日渐强烈，他回忆道："有一次我的'唐仲英计划'社会导师恰好在清华培训，他直接把学生们约到一起，为我们的职业选择给出建议。"那年寒假，导师更邀请谈梦泽和其他同学到他的任职地开展社会实践，进一步了解公共部门日常工作。他开始认识到了这份工作的特殊性：每一个公职人员、每一个公共部门岗位都关乎国计民生、承担社会责任、兼顾效率和公平。

于是，他决定听从自己内心的声音：投身到更有价值的事业中去。工作的第6年，省委组织部召开优秀五四青年座谈会，谈梦泽再次作为参会代表发言，他总结自己在川工作经验时说道："选择西部、选择基层，这是当代青年最好的逐梦热土、筑梦之处和圆梦之地。我先后工作在省市县乡村的招商一线、文稿一线、组工战线和扶贫前线，招商熟稔区位优势，文稿常读综合省情，组工服务党的建设，扶贫直面一线群众，工作性质虽不同，但有一点感受一以贯之，选调生是一生的事业，投身公共部门工作始终不悔，如果再来一次，我还是会这样选择。"

谈基层工作，他说"群众当不当你是'自己人'，要看你是不是群众的'贴心人'"

除了在省、市、区和乡镇机关工作的经历以外，谈梦泽履历中还有近两年特殊时间——在省定建档立卡贫困村武庙乡团堡村任驻村第一书记。简阳市是成都最偏远的县级市，团堡又是简阳市最远的山区贫困村。山高路远、土地贫瘠，是一块贫困"飞地"。

谈梦泽有三本厚厚的驻村日志，上面有一篇这样写道："这里照明点灯、吃水看天，贫困人口占了全村的三分之一，剩下的三分之二，一半在外务工，一半是'386199部队'，有大量留守儿童和孤寡老人……曾经，我是一个典型的'三门干部'。'以人民为中心'等许多提法，对我只是一个概念。但如果现在问我'人民'是什么？我有了更具象的认识。在团堡村，枇杷、李子马上熟了，这些就是老百姓的命根。种植这些水果，一年要有20多道工序，一亩地能种七八十株，亩产1500斤左右。好年成，除去成本一亩地不过能挣1500块钱，1斤1块钱利。一筐果子50斤重，常坐办公室的人，提起来都费力，但我们村60岁的老大爷、老太太，一次要挑两筐，再走20里山路去路边叫卖。村里贫困户一年的全口径收入，有的都不到两千——而这可能不过是城市居民一件大衣、一套化妆品的价格。每个月我会回城区一次，每念及此，再回想我走访的贫困户的神情，总是倍感心酸。这种每一天、每一日直抵内心的对比，让我深刻感受'人民'的内涵，更让我不断深化对脱贫攻坚工作和对自己'第一书记'的使命认识。"

驻村工作，除了靠"情怀"坚持，也会面对许多困难和挑战。为了更好地融入村里，作为湖北人的谈梦泽，不得不开始说起了四川话，"我在机关工作了整整三年都没学会四川方言，到村上一个星期就学会了。"

"为撒子嘛？因为你一讲普通话，乡亲们就笑。环境逼着你要讲方言，不会方言很难开展工作。"

贫困村脱贫在四川有"一低五有""一超六有"的标准，这其中的一个"有"，就是"有集体经济"。谈梦泽驻村半年以后，为村上摸索了一条发展的道路：依托生态优势，发展水果产业造血，依托区位优势争取文旅项目落地，依托农商文旅结合创造更多就近就业岗位，从"绿水青山"中找到"金山银山"。

谈梦泽（中间白衬衣）召集村民开坝坝会

而发展集体经济，最难的是做通群众的思想工作，因为涉及短期利益为长远利益的让步。为了说服乡里的群众实现第一步，依托生态优势做电商，谈梦泽就费了不少的工夫。原本乡上就有现成的销售渠道：每年卖枇杷的老板们，都会开着大卡车上村里来收，对村民来说，这样的模式既已成为习惯，大家也都觉得方便。

"毕竟做电商还要包装，对吧，大家嫌麻烦。"

为了做通村民的工作，一开始，谈梦泽先带着村里一部分比较有带头作用、比较有想法的村民到隔壁的乡镇参观；而回来之后，他就开始给大家开"坝坝会"。

在大院里，村民们围着谈梦泽坐成一圈，他拿出隔壁乡镇的宣传图片，"就是一个农民大叔抱着一筐枇杷——我就问他们问题，我说，你们猜一下这个枇杷卖多少钱，我们村以往卖的大概是4块钱、5块钱，所以他们有猜8块、9块、10块；我说你们再猜，猜到最后，我说其实是30块钱一斤。"

村民们都很惊讶，谈梦泽继续引导大家，答疑解惑道："你们知道隔壁乡镇这个枇杷是哪里产的吗，就是经常从我们这儿买的。人家批发、包装一下，换个名字，就卖出去了。"

大家一听，别人3块钱一斤从自己手上收走，转头就能30块钱一斤售出，纷纷对电商形式的售卖有了兴趣。就这样，谈梦泽不断在工作中换位思考，以能引起村民们兴趣的方式来讲政策、讲道理。

谈梦泽（右一）入户调研群众需求

"你去要先跟大家拉家常，要一个一个把他们的名字记住，对吧，张家的，叶家的，王家的，让大家都愿意听你说话；彼此之间还有亲戚关系的，你要理顺；有的人是光棍，有的人结婚了，你得记住；讲的过程中，还得时不时开开玩笑……让他们觉得你不是一个'干部'，而就是村里一个实实在在为大家打算、为大家考虑的年轻的带头人。"

在这个过程中，也有不理解的群众曾"拿着镰刀"到村委会找过谈梦泽。当时，村里正在努力争取落地一个大型地标景观"城市之眼——丹景台"，需要流转近千亩土地，种植集体经济景观林，其中有一些村民不愿意配合。

"其中有一户常年在外务工，土地果林早就荒芜的乡亲，村干部劝了两三个月，他们还是不同意。说我们碰倒一棵树就要赔他5万块钱，照这样算，一亩地能种80多棵树，那么每亩地要补偿400多万。这怎么可能嘛！"谈梦泽笑着说，"我们的补偿是有政策文件标准的。我问他，为什么一颗李子树要赔5万？他就说，我这个树，种在这里每年都能有果子，所以就把几十年的账给你都算上了。"于是那一天，谈梦泽不得不从政策到现实，对那一家人，从下午两点整整讲到晚上10点，"一口水都没喝，最后做通了那一家人的思想工作。"

"有耐心"就是做基层工作的法宝之一，另外一件法宝就是"换位思考"，谈梦泽说，"只要老百姓觉得，你讲的事情是真的为他好，你是真在为了他的利益考虑。这个时候也许不管你说的是方言还是普通话，他都会听你的劝。说白了，我们到下面去、到村里去、到基层去做工作，核心的也还是这样一个过程。"

在谈梦泽驻村的近两年时间里，在大家的共同努力下，团堡村从曾经的基建落后，"照明点灯、吃水看天"，集体经济一无所有，贫困户年收入2300的状况，转变为村人均收入1.2万元，贫困户人均收入翻三番达7300元，村集体收入较省定指标翻6倍，"一低五有""一超六有"全部实现，也在省市县三级验收中顺利过关"摘帽"。

如今团堡村家家通了入户路，更落地了成都的网红打卡地"城市之眼——丹景台"。每逢周末，游人如织，村里老百姓再不用背井离乡、外出打工，在家门口也能稳稳提高收入。

回忆这段特别的经历，谈梦泽说："从我驻村的第一天，我们村支书就到乡书记那里'打报告'，问乡镇党委书记我这个'第一书记'和他到底'谁更大'。"可到了最后谈梦泽即将离开村子时，老书记却给他发了一长条、足有好几页的微信消息，他对谈梦泽说，一定要在走之前和村里的乡亲们"聚一聚"、要他"常回来"……谈梦泽知道老支书并不会拼音，这些内容都是他一笔一画在手机上手写输入进去的。

"这条信息我非常珍视、保存至今。我是在和村里的干部们一起为群众服务的过程中，得到了他们的认可，才成为他们的'自己人''贴心人'。驻村扶贫，也是我选调四川7年最宝贵的一段经历，因为驻村工作，我真正对基层有了直观的认识。"

谈未来，他说"这是最好的时代，我愿意继续扎根基层、创造价值"

"在基层工作，我收获了很多'案例''故事'，每个'故事'都让我加深了对曾经所学的思考。"回首曾经在校的时候，受到学校老师、前辈、师兄师姐的影响和感染，谈梦泽决定投身公共服务的事业。但那个时候，他所受到的更多的是一种单纯朴素情怀的感召。

走到实际的工作岗位上之后，他经历了很多瞬间，有顺境、有逆境、有挫折，这些经历加速着他成长成熟，也促成他回头来看曾经在学校所受到的那些教导："立大志、入主流、上大舞台、干大事业""又红又专，全面发展""为祖国健康工作50年"……那些曾经或许很抽象的甚至有些空洞的概念，如今对他来说却变得越来越具体了。"在学校，搭的是骨架和灵魂，在社会，补完的是肌肤血肉。"

谈及从象牙塔来到基层最大的感受，谈梦泽说："我们在做学术研究的时候，是发现问题、研究问题、解决问题，我们擅长一个句号一个句号地解决问题。但实际工作中，特别是在基层工作中，问题是层出不穷的。我们所面临的处境往往像是一个罐子，它有无数的洞，一面进水，一面漏水，我们的任务是保证罐子里始终有水，所以既需要统筹兼顾，又要分清主次，抓主要矛盾和矛盾的主要方面。"刚到乡镇任乡镇长的时候，就连天气的好坏都能让谈梦泽整晚睡不着，不下雨时操心森林防火，连着下雨就担心地质灾害点威胁群众安全。对于基层干部来说，并没有休息日的概念，谈梦泽的电话号码印在每家贫困户的家门口和每个村委会的公示栏，"乡亲们一有事就会给我打电话，在乡镇上事情最多的时候，我经常中午只有几分钟吃饭时间，曾经两个星期掉了 13 斤体重。"

而现在，谈梦泽又来到了成都市产业功能区之一，天府国际机场附近的临空经济产业园任职。这个园区承载着全省脱贫攻坚做好"后半篇文章"的重要使命——对口帮扶深度贫困的凉山彝族自治州。岗位变了，但使命和职责却没有变过。

访谈最后，谈及感受，他说道："我最大的感受是，我们身处一个伟大的时代，一个最好的时代。"

视频会议的窗口对面，正是谈梦泽的办公室，从一开始天还很亮，到渐渐天已经黑了下来，案旁是堆成小丘的书籍和文件。屏幕的光，照着他的脸，他说："经过这些年的工作实践，我看到我们民族上下五千年的历史留下的烙印，我看到曾经课本里学的、党史里讲的，前辈仁人志士的那些信念和坚持真的传承到了今天，我看到已经召开的会议、参与学习的那些文件、规划和精神都在一天天地变成现实……尽管我只是历史进程中一个微不足道的个人，但我能感受到我们的国家和民族，正在复兴之路上奋力前进。"

"这是最好的时代，我为能作为一名选调生，从清华毕业去到基层公共部门服务而感到骄傲！我也会继续按照母校、按照老师们的教导，立足本职、踏实工作，努力做出'清华人'应有的贡献！"

采访｜郭栩　吕淑敏　陆澄林　钟玉姣

撰稿｜吕淑敏

黄　浩：

植根乡土大地，守望川西坝子

人物简介：黄浩，清华大学生命科学学院2015届博士毕业生，清华大学学生领导力"唐仲英计划"三期学员。2015年毕业后作为急需紧缺专业选调生到四川工作。先后在成都市发展和改革委员会和成都市金堂县金龙镇、金堂县政府办等岗位历练成长，现任金堂县三溪镇党委书记。

"六年前我是个话听不懂、饭吃不惯的'外地人'，六年后我是个说得'川普'、吃得麻辣的'四川人'；六年前我是个话不敢讲、活不会干的'门外汉'，六年后我是个敢说敢干、敢当敢为的'扛把子'；六年前我是个踏不出脚、迈不开步的'稚嫩娃'，六年后我是个坚定自信、阔步从容的'硬汉儿'。"

2021年，是黄浩入川的第6年。6年前，发表过多篇高水平论文的他，本有机会在科研道路上谱写华章，却坚定做出"胸怀家国，逐梦四川"的选择。

是什么让他选择了基层？ 6年来，他又经历了怎样的人生蝶变？

少就入川，志于守望

民间有句谚语："少不入川，老不离蜀。"

电视剧《死水微澜》主题曲唱道："川西坝子哟小中华，千年死水哟一盘散沙。"

"但如今的四川真的不是谚语和文学作品中描述的这个样子。"黄浩饶有兴趣地回忆起8年前的寒假实践。2013年，未来被录取到四川的第一批清华选调生，怀着"少就入川"的勇气，赴四川调研，用实践来验证自己的判断。

"'入川正当时。'我想这是我们寒假实践四川行的答案。"黄浩在调研报告中写到。"四川将迎来一个史上未有的与世界充分交流的'破盆'大时代。

我们应该甩开膀子，迈开步子，告别死水微澜，干得风生水起，弄潮于巴蜀大地新一轮开放。"这既是放眼未来的前瞻判断，也是投身基层的庄严承诺。

2015年博士毕业时，黄浩拜别生活近30年的华北平原，踏上美丽而富饶的成都平原。川西坝子上延续着巴蜀农耕文明和灿烂文化，是清华人扎根基层、服务"三农"的沃土，也是选调生发挥专业特长、实现人生抱负的舞台。

"一路走来，每每叩问心扉，守望川西坝子，做'川西坝子上的守望者'，便是我的初心。"黄浩坚定地谈道。

心安性定，彻底归零

初踏巴蜀大地，诸多困难摆在黄浩面前，诸多方面需要适应。适应相对于北方湿重的气候，要过"身体关"；适应蚊虫叮咬的过敏反应，要过"蚊虫关"；适应生活工作中与干部群众交流的语言，要过"方言关"；适应火锅串串的麻辣，要过"饮食关"；由学校走向机关、由机关走向基层，由聚焦式的专业研究型思维向点线面式的综合管理型思维转变，要过"工作关"。

"我在川内没有任何求学、工作和生活经历，在成都没有任何朋友、亲人。只身一人来川，我的工作和生活是全面全新的起步。这确实是一个痛苦的过程，需要凝神静气，剥离割舍，斩断乱麻，各方面全方位彻底归零，轻装上阵，从头开始。"在同事和朋友的关心帮助下，通过主动适应，积极融入，黄浩逐渐"听得懂川普，吃得了麻辣，斗得过蚊虫，砍得下菜价。"慢慢适应了成都的气候、方言和饮食，在生活中读懂这一方水土的禀赋和气质。

采访时，黄浩语气平和地讲道："'心安茅屋稳，性定菜根香。'经历过彻底归零，收拾打理好身心，心安性定，你也许会达到新的人生境界。"

优化水源，守望川西

经济建设是党的中心工作，黄浩在成都市核心经济部门发改委迈出选调生职业生涯第一步，学习掌握组织经济工作的基本要领，锤炼机关干部的必备素养，提升站高谋远的全局思维。

在基础设施建设一线，黄浩奋力推动成都市"第二、三水源"规划建设，改变千年以来单一水源的供水格局，为国家中心城市建设和新时期经济繁荣发展提前做好水源保障。

　　都江堰水利工程作为川西坝子的繁荣基石，保障了成都平原的千年富庶和稳定。但随着成都城市规模进一步扩大，都江堰鱼嘴断面开发利用率接近上限，用水需求矛盾十分突出。对都江堰的过分依赖导致成都水源单一，突发水质事件及上游地质灾害都会威胁供水安全，因此加快应急备用水源建设，形成多水源供水格局，便是摆在眼前的一项亟待解决、造福百姓的民心工程。要推动成都"第二水源"李家岩水库和"第三水源"三坝水库的建设前期工作，对于生物专业出身、无任何水利背景的黄浩来说，是个重大挑战。他主动担当、科学作为，摸清审批的每一个具体环节，倒排时间进度，发扬钉钉子精神，驻京开展工作。日日加紧，环环相扣，最终报批工作历时不到70天，压缩了近三分之二的工作周期，争取中央预算内资金17.819亿元。

　　如今李家岩水库主体工程基本完工，预计2022年就可以下闸蓄水。"'兴水农之政，为足民之大事。''稻田足水慰农心'，这便是最大的事。经过大家的不懈努力，改变千年以来单一水源的供水格局，这件大事，我们做到了！"黄浩欣慰地讲到。

都江堰"稻田足水慰农心"题刻

在易地扶贫搬迁一线，黄浩携手1020户、2965名建档立卡对象，冲锋于成都市高标准脱贫攻坚的收官决战。

成都市脱贫攻坚收官决战在简阳。当时简阳市刚刚从资阳市划归成都市代管，广阔的丘陵地区交通十分不便。为了确保精准扶贫工作质量，切实做到"扶真贫、真扶贫"，黄浩全覆盖走访了简阳下辖的58个乡镇和每一家易地扶贫搬迁贫困户。

"贫困户大都住在交通最闭塞的狭长沟垄深处。汽车开得过去就开车过去，路窄汽车过不去就请村干部骑三轮车或摩托车载过去，实在没有路了就走路走过去。话不必讲多少，但必须进到贫困户的房子里看一看，才能核查清楚最真实的情况。"

"人能定其心，何事不可为！"当问及如何坚持逐户走访完所有贫困户的时候，黄浩认真地说道："只要你的信念是坚定的，迈出的脚步必定是坚定的，工作质量也必定是扎实的。当你坚定迈出勇往直前的脚步时，大家也就方向明确、行动一致。全覆盖，我们做到了！"

"这正好验证一下我的心力和脚力。通过脚步丈量实情，也丰富了我对'守望'的思考。守望川西坝子，我想这是我'城里望乡'的阶段。"

躬耕实践，植根乡土

2017年年初，正值成都市"十字方针"提出之际，黄浩参加组织选拔，选派到成都市"东进"主战场金堂县工作，在实践中学习掌握党政工作的核心要领，锤炼主政一方的魄力胆识。

守，守一方土，保一方稳定；望，画一张图，谋一方发展。

在担任金龙镇镇长期间，黄浩紧密联系实际，直面矛盾，夯实基础设施，破解"水、路"制约难题；坚持农业固本，壮大培育特色产业；创新治理举措，不断改善农村环境；狠抓禁毒维稳，力保一方平安和谐。

金龙镇是金堂县丘陵地区的旱片"死角"，长期存在缺乏灌溉水的难题。从沱江取水经四级提灌才能到达金龙镇，在满足前三级的用水需求后，来水已是最后的"尾水"。"为了这水质并不好的'尾水'，每逢稻田插秧季，老百姓都会去田坝守水，常常因为抢水发生械斗。"

在市级部门工作期间，他用心解决供水水源的问题，然而在基层却又遇上了水进不了田间地头的问题。这让他深刻认识到，要解决水的问题不能只顾一头，必须由灌首到渠尾灌通首尾，打通到田间地头的"最后一公里"。

"我们推进东风水库干支渠建设，把都江堰的水引来，让老百姓用上优质水。同时，我们争取到全域高效节水智能化灌溉项目，接通最后的'毛细血管'，提高用水效率，彻底改变金龙镇旱片'死角'和'尾水'灌溉的面貌。"

在县政府办工作期间，黄浩敦本务实，守正创新，牵头推进一体化协同办公平台，量体裁衣地推广无纸化会议系统，切实提升办文办会效率。金堂县政府办荣获"全省政府系统办公室先进集体"，黄浩个人被评为"全市政府系统办公室工作先进个人"。

黄浩（前排左一）带队开展重点项目选址

除了当好坚强"前哨"和巩固"后院"，推动政府信息化建设是黄浩牵头开展的另一项改革创新工作，刚开始面临很大的阻力和压力。通过细致的分析研判，黄浩分步分类地下"绣花功夫"推进，一方面建好系统，发挥好系统的便捷性，提升体验感和安全性；另一方面击鼓传花，先"手把手"逐个培训核心骨干，再"一对一"逐个培训使用对象，从逐个击破到全面开花。

"这项工作之前落后了太多，但我们现在紧紧追赶，走在了全市前列。"回想整个过程，一点点地啃下这个"硬骨头"，黄浩说，"虽然很难，但我们做到了。"

逆行出征，七步成诗

新冠疫情发生时，黄浩到三溪镇任党委书记还没"满月"，本轮乡镇行政区划调整刚刚落地。在镇村干部认不全，许多机制没理顺，众人手足无措的危急时刻，黄浩果断扛起抗疫大旗，当好"主心骨"，冷静沉着地坐镇指挥。他第一时间在镇里号召"党员站出来，党旗飘起来，党徽戴起来"，并通过充分依靠群众、发动群众，下笨功夫、用笨方法，打好疫情防控人民战争。

"一张图，七步法"是三溪镇聚焦农村散居院落、针对农村地区防疫短板、坚决落实入户排查"三个全覆盖"要求，率先探索出来的"笨办法"，并推广到全县使用。以村民小组为单位划定"党员责任田"，实施网格化管理，建立严密的责任分工体系；通过七个步骤（见流程图），实施地毯式滚动摸排，实现入户走访排查"全覆盖"、精准跟踪服务"不间断"，确保农村地区防疫无盲区、无死角。

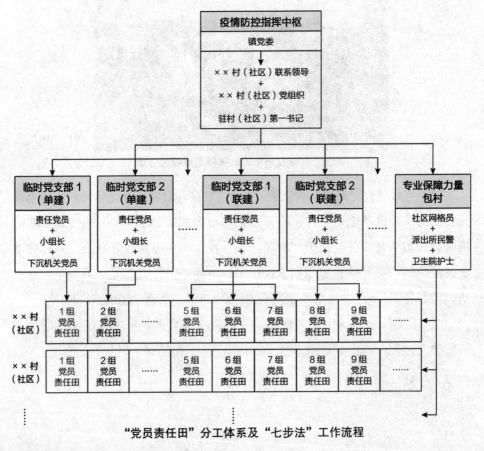

"党员责任田"分工体系及"七步法"工作流程

"'一张图'实现了'一名党员就是一面旗帜，一个村民小组就是一块党员责任田，一块党员责任田就有一支党员突击队，一个支部就是一个坚强堡垒'。'七步法'操作性强、针对性足，敲得开门，搭得上话，问得出实情，树得起形象。最重要的，这是一个长效机制。'党员责任田'不搞一阵风，从头管到尾，坚决管到底，'疫情不解、绝不收兵'。"

为了让老百姓待在家里不出门，黄浩也是"抠破了脑袋"。他找来镇文化站的小伙子写好串词，请各个村支书用最接地气的本地方言喊话，录制好了就每天用大喇叭播放。老百姓听到村支书在大喇叭里骂人了，打麻将的抬着桌子就回去了，串门的也马上回家了。

"基层工作不一定需要太多'坦克大炮'，'大刀长矛'这些'土办法'用得对地方，舞好了就是管用的实招。村书记在村里喊话，可比我这个镇党委书记管用得多"，黄浩调侃道。

"党员干部关键时候冲锋在前、紧要关头担当作为、危急时刻豁得出去。面对复杂局面，敢涉险滩，敢于亮剑，沉着应对，处变不惊。群防群治，不漏一户一人，我们做到了。"

看到三溪镇的抗疫成果，金堂县委书记对黄浩给出了高度评价："这个小伙子七步成诗，很快就打开了局面，找到了感觉。既干得了'阳春白雪'，也做得了'下里巴人'，是好样的！"

砥砺革新，阔步前行

黄浩带领全镇干部群众的"逆行出征"，不仅仅是抗疫。

三溪镇有近百年的脐橙种植史，气候条件适宜，果农技术娴熟，果品甘甜可口。但经过县内外一线调研和深度分析思考，黄浩发现由于小农经济掣肘、基础设施薄弱、品种更新滞后等原因，三溪镇柑橘产业优势逐渐减弱，瓶颈短板日益凸显。

黄浩（右一）调研疏花保果情况

　　"我们必须要加快转型，否则等市场饱和的时候果子就卖不出去了，老百姓就会砍柑橘树。百年的健壮老树桩，砍了可就再也没有了。"

　　三溪镇紧邻淮州新城，适合走城乡融合、农商文体旅融合发展的道路。黄浩通过建设"浅丘特色、果园禀赋、望山亲水、融合共享"的"中国橘乡·天府城市果园"，使"田园变公园，农区变景区"，将农村果园转化为城市"跳动的绿心"。同时，黄浩通过提高单位产出价值，逆势对冲柑橘价格的逐年下滑，以点带面地推动柑橘产业转型，打造中国柑橘产业"展示橱窗"。

　　"我们的目标就是'每斤果子多卖五毛钱'，可'五毛钱'真的不是个小目标。"黄浩掰着手指头细细地跟我们算了一本账。"现在果子下树一斤也就一块多，多卖五毛钱也就意味着净利润翻番。实现这个目标可是个系统性工程，需要转变现有生产组织方式，加大科技投入，更新优质品种。这也是篇改革的大文章，涉及农村'三块地'改革和集体产权制度改革等诸多方面。"

　　为了"五毛钱"的朴素目标，黄浩带领干部群众挖掘提炼党建引领柑橘产业百年发展的"两株半"精神，探寻柑橘源头"火种"，唤醒橘乡集体记忆；通过"转理念，转作风，提能力，强素养"一系列举措，激发干部内生动力，推动队伍作风转变。

"百年柑橘果园这个'传家宝'坚决不能丢，百年柑橘产业孕育的'两株半'精神坚决不能丢。"如今，这两个"不能丢"已凝聚成三溪干部群众的普遍共识，并转化为推进橘乡转型发展的澎湃动力。

"逆行不是逞'匹夫之勇'，是为了顺应新形势，抓住新机遇。党员领导干部率先垂范、以身作则，这很重要。但更重要的是要善于解决复杂问题、驾驭复杂局面，把个人自觉转化为集体行动自觉。守望川西坝子，我想这是我'乡里望城'的阶段。"

灌通首尾，无问西东

六年来，经过多层级多岗位"摔打锤炼"，黄浩褪去了"生物男"的书生气，浸染了淳朴的"泥土气"。一步一个脚印地负重前行，让他在脚踏实地中磨炼意志、淬炼品格、锤炼能力，扛得起重担，把得稳方向，干得出成绩。

"无论是'城里望乡'，还是'乡里望城'，当你深沉地热爱脚下这片土地的时候，再多的苦和累都算不了什么，再大的困难也就被克服了。"六年来，无论是脱贫攻坚、抗洪抢险、维稳处突等一线战场的亲身经历，还是春灌守水、农房漏雨等民生问题，都大大增加了他人生的厚度，让"人民"二字对他而言变得具体而生动。

"站在老百姓中间，你会感觉到有无穷力量，有使不完的劲儿。"

应急抢险获群众一致点赞（中间为黄浩）

六年来，黄浩经受着异地分居之苦，太缺少对家人的陪伴和守候。爱人怀两个孩子期间都无法在身边陪伴；大女儿已经四岁多，黄浩陪伴她的时间却总计不足两个月；小女儿刚刚满月就得了肺炎，工作太忙也没有回去照料。为了纪念这段首都（华北平原）和成都（成都平原）之间漫长的"双城记"，黄浩给大女儿取乳名叫"嘟嘟"，小女儿叫"玶玶"。

"抗疫期间，我半年多时间没有回家，见到女儿们的时候，无尽的心酸是'大的错过了，怎么这个小的又长大了！'"

六年来，从首都到成都，由东向西；从雪域高原到川西坝子，由上及下；从都江灌首到毛斗渠流过的田坎，由首到尾，一批批像黄浩这样的守望者选择务实担当，躬耕于四川经济社会发展的主战场。守，是坚守坚持、尽职尽责、脚踏实地；望，是期望期盼、尽心尽力、仰望星空。既保持坚守的定力，又秉持开创的雄心，牢记使命，砥砺前行，灌通首尾，无问西东。"我是川西坝子上的守望者，我是他们中的一员。"

俯下身来、亲近泥土，迈开脚步、丈量家国，把人生的根基深深地扎在祖国的大地上，从乡土中汲取源源不断的成长力量——这就是清华选调生。

采访丨郭栩　刘鹤　陆澄林　张晓旭

撰稿丨刘鹤　王仕韬

龚玉斌：

学校给予我的，让我怀念至今

人物简介：龚玉斌，清华大学软件学院2015届硕士研究生，清华大学学生领导力"唐仲英计划"四期学员。毕业后作为四川省急需紧缺专业选调生，进入绵阳市科创区经济发展局工作，2017年任职四川省经济和信息厅，主要从事全省汽车行业管理，推动产业规划、年度计划、支持政策的研究与实施，促进提升研发制造能力，加快新技术、新产品推广和试点示范等。

"到西部去，到基层去，到祖国最需要的地方去"

2021年是龚玉斌参加工作的第6个年头。谈及为什么选择成为一名选调生，他的回答仍然有着最初的那份热忱："选择这份事业，主要是深受学校'到西部去，到基层去，到祖国最需要的地方去'的影响，同时，也深深认同到公共部门的工作能够切实助力改变更多人的生活。"

清华"立大志、入主流、上大舞台、干大事业"的择业观、优秀校友在一个个关键岗位上兢兢业业奉献青春的事迹，都深深影响了龚玉斌的价值取向和人生选择。他坚定了投身基层工作的决心，建立起强烈的职业认同感。

于中国经济而言，沿海和内陆的地区差距一直是发展过程中的一处"顽疾"。龚玉斌感到内陆地区蕴藏着巨大的发展潜力，"就像最初人们难以想象当时是小渔村的深圳变为现在的国际大都市，内陆的发展也有无限希望。"思来想去，他认为，成都、重庆就是未来发展的热点，潜力无限。地区的发展，需要大量人才建设者，他希望自己能够去贡献一份力量。

2020年，在中央财经委员会第六次会议上，习近平总书记强调，推动成渝地区双城经济圈建设，在西部形成高质量发展的重要增长极，打造内陆开放战略高地。成都引领西部乃至全国高质量发展的使命担当被进一步强化。龚玉斌认为，今时今日，成渝地区双城经济圈建设上升为国家战略，我们肩负着助推西部乃至全国高质量发展的使命，这一战略也给青年人带来了难得的实现价值和抱负的机遇。

"毕业之后，我也还一直怀念这个平台"

在坚定职业信念之后，龚玉斌选择加入清华大学学生领导力"唐仲英计划"，成为"唐仲英计划"第四期学员。

正是在"唐仲英计划"集体之中，他通过课程、讲座、交流会等各类相关学习活动拓宽了自身对于公共部门的理解，初步掌握了公共服务的技能，还结识了诸多志同道合的好友。

龚玉斌回忆，最令他印象深刻的是"唐仲英计划"的读书会和社会实践环节。

"沈若萌老师每一两周就会带领我们研读经典书籍，类型涵盖社科、历史、经济等领域。作为理工科学生，常常在人文社科、公共管理、经济发展等方面存在知识短板，而读书会让我各方面知识得到进一步拓展，同时思维方式也变得多角度、更系统、更宏观。尤其是理论结合社会现实思考讨论，不同观点的碰撞，让大家对理论、对问题的认识更加客观、更加深刻。"

龚玉斌十分感谢"唐仲英计划"带给自己的收获和成长。他说："难得有这样一个针对性的专项培养计划，毕业之后，我还一直怀念这个平台。除了读书环节让我获益良多，实践也是十分难忘的一个环节。实践过程中，我们独立开展项目立项，拟定思路和方案，想各种办法克服种种困难，推动顺利执行落实，成长真的很大。"他认为，还可以更进一步发挥校友的积极作用，提升他们和在校学员的联系与黏性。"非常欢迎学弟学妹到我的工作地——四川开展社会实践。实践可以让学员对公共部门的工作图景有更加真切、清晰的了解，为以后的工作选择打下基础。实践还能够强化学员和校友的交流，让学员在最真实的故事中受教育、长才干，这一过程对校友也是一种鞭策。"龚玉斌说。

龚玉斌在单位办公

"从学生到公务员，我们变成了建设者、协调者和问题解决者"

从象牙塔到工作场，角色转换所带来的差异令龚玉斌非常感慨："从学校到社会，从学生到公务员，我们就变成了建设者、协调者和问题解决者。"龚玉斌用四个关键词来总结自己的工作经验和感受。

第一个关键词，是"抓重点"。

"任何事情都是有主次的，关键时刻一定要多加注意。"龚玉斌回忆道，"在一次大的对接活动中，有两批签约活动。活动过程中，因为文件夹数量有限，前后两批签约需共用文件夹，过程中需要取换文件，浪费了一些时间，现场不太流畅，未能圆满。"其实，龚玉斌和他的同事们在前期做了大量准备工作，组织了彩排，花了许多精力，加了很多班，结果却不尽如人意。事后他自省：相对于整个活动，夹子的成本其实很低，应该直接多购买一些备用，办事情一定要抓住重点，不能因小失大。

第二个关键词，是"妥协"。

龚玉斌认为，合作就是妥协，要朝着有利于推动工作的方向去努力，要有胸怀、有格局，要懂得让步甚至是"牺牲"。

"比如，四川省出台全省首份新能源与智能汽车系统性支持政策，用'真金白银'去推动提升研发创新和生产制造能力，去推动营造更好的产品推广应用环境，受到行业广泛好评，成为兄弟省市政策参考。这份文件拟定历时一年半，经过多次会议研讨、论证，无数次征求意见和修改，包括合法性审查、公平竞争审查等。"龚玉斌回忆，有一些条款会因部门意见未统一、现实条件不允许等难以达成一致，如果各自坚持意见，不做一些妥协和让步，问题永远得不到解决。"最后我们做出妥协，即使不能百分百完美，也要推动工作。"龚玉斌有些无奈，但他明白，只要有利于推动工作，推动产业向前发展，妥协是必须的，也是值得的。

剩下两个关键词，是"负责"和"规矩"。

龚玉斌认为，重要的事情全权交给他人，是十分可怕的，如果对方不慎出错，掉链子，后果难以想象。对于重要的事情，一定要在自己掌控范围内，要对自己负责。而他所提出的"规矩"，并非指要循规蹈矩地为人、处事，而是"不逾矩"——既做好自己的本职工作，也要让人感受到发自内心的真诚与尊重，这样才能真正得到他人的接纳、支持和信赖。

龚玉斌（前排左一）开展对接帮扶走访工作

"加分动作，有时候有意想不到的效果和成就感。"

龚玉斌将在政府部门的工作分为两类：一类是"基本动作"，即岗位职责的基本要求；另一类是"加分动作"，指的是具有开创性和前瞻性的工作，没有前人经验可参考，既需要想干事的主动性，又需要善思考的能力、肯付出的态度和敢担当的勇气。

　　作为前文提到的产业政策的核心参与者之一，谈及这份产业政策，龚玉斌说："如果我们只是循规蹈矩地开展工作，是不可能推动这份政策出台的。正是单位领导、同事们一道不断去突破去努力，多年期盼的政策才得以印发。这份产业政策、四川境内的中国西部第一条氢燃料汽车示范线、第一座加氢站，等等，都是我们的加分动作。这些加分动作让我们更有成就感，让我们的青春更有价值。"2021年，是中国共产党建党一百周年，同时也是清华大学建校一百一十周年和"唐仲英计划"成立十周年。回望来路，龚玉斌感恩国家的富强、学校的培养和"唐仲英计划"的支持。他希望能够在全面建设社会主义现代化强国的新征程中，为祖国的发展贡献越来越多的力量。龚玉斌满怀深情地勉励在校学弟学妹们学好专业课之余，争取做到四个"多"——多听讲座，拓展认知；多实践，了解现实；多交流，碰撞思维；多看书，陶冶自我。

龚玉斌（后排右二）开展调研后合影

采访 | 陆澄林　钟玉姣　李元丙　张立榕

撰稿 | 张立榕　钟玉姣　黄思南

颜　恺:

坚守抗疫阵地，寻访扶贫一线，从基层发现力量

人物简介： *颜恺，清华大学法学院2017届硕士毕业生，清华大学学生领导力"唐仲英计划"五期学员，硕士毕业后选调至江苏省委宣传部工作，先后经历了省委机关、区委机关、街道和社区等多岗位锻炼。*

经历了2020年年初新冠疫情防控和年中防汛工作的严峻考验，调研宣讲了西南山区的脱贫攻坚工作经验，颜恺在祖国大地这片广阔的舞台上历练成长，践行公共服务初心。

基层抗疫:"15人服务3.5万人，天天像考试"

在基层锻炼期间，颜恺亲身感受到了疫情防控带来的非常规挑战与巨大考验。

"疫情对公共服务部门工作人员的能力而言确实是一次大考。城市社区是抗疫的第一线，在整个抗击疫情过程中作用非常大。"颜恺介绍道，他当时所在的社区实有人口达3.5万，人员组成复杂、流动性大，而社区工作人员只有15人。"15人服务3.5万人的社区，压力特别大，天天都像紧急考试。"

面对突如其来的新冠疫情，社区工作人员除了要在出入卡口固定值班，还要接待从其他中高风险地区返回的人员，持续保障居家隔离居民的生活物资供应，帮助隔离居民完成垃圾倾倒等。为了做好这些工作，他们只能连轴转。

在长达半年多的时间里，颜恺和同事们每天都轮流值班到晚上10点，周末也经常加班。疫情防控渐渐进入常态化，他们的工作却丝毫不见少，甚至越发琐碎——办理人员转运、为各地返回人员登记、发放各类防护用品、为

外来群众开具证明、调整健康码，总之，居民有任何问题，颜恺和其他社区工作人员就随叫随到。

"基层工作的真正难点不在于循规蹈矩地去做常规工作，而在于面对矛盾难题时如何解决。"社区服务的经历极大地加深了颜恺对基层的理解，他说："在基层处理的100件事情里，可能99件都是常规的，有1件是突发的、困难的。但是通过处理这样一件难办的事情，就能够极大地提升我们的能力，并引发更进一步的思考。另外，就是时刻要注意向身边的领导和同事学习。工作以来，从省委宣传部到地方各级的领导同事，我从他们身上学到了很多，不仅要自己认真做事，更要虚心学习，随时请教交流。"

调研宣讲：讲好脱贫攻坚的故事

2020年是脱贫攻坚的决胜之年，为了做好宣讲工作，向基层群众展现我国脱贫攻坚的伟大成就，颜恺选择利用假期时间到四川凉山和云南怒江做调研。颜恺说："我国西部和东部、南部和北部之间，发展的不平衡十分明显，要充分了解不同区域的发展状况，身处其中切身体会是最好的方法。"他十分关心边远贫困地区的脱贫攻坚工作是如何落实的，也想要了解这其中的工作成果与治理经验，"将实际案例作为了解国家治理体系和治理能力的一个窗口，能对这个时代的主题有更多的认识。"

颜恺（右一）开展调研

在过去，四川凉山失学率非常高。有些贫困家庭的孩子很早便辍学，跑到成都、重庆打工。扶贫工作不仅要从物质上帮助群众提高生活水平，还要保证每一位适龄儿童的教育，让所有的孩子都有学上、上得起学。当地扶贫干部东奔西走，通过各种渠道，将辍学的孩子辗转接回，再安排复学。有的孩子因为辍学已久，虽然已经十五六岁，复学后只能从小学继续上起，但扶贫干部们一个都不放弃。颜恺从孩子们的笑脸和扶贫干部的讲述中，感受到了"国家脱贫攻坚的决心和共产党员强大的执行力"。

云南怒江自然条件比较恶劣，几乎没有任何平地，"连当地政府都建在坡地上"。但到了这里颜恺才了解到，怒江州从小学到高中阶段的教育全部免费，而且校园硬件设备也得到了政府的财政支持与保障。

除了免费教育、硬件保障，丰富的特色课程也使颜恺感到惊奇："有个山沟沟里的学校居然开设了一门有关兰花的课"，每个学生都领到一盆兰花，能直接动手参与到兰花的培育养护过程中，"摆满兰花的学校操场，不仅壮观而且动人。"颜恺回忆起走进校园时自己内心的震撼，"实践课堂都投入了这样用心的师资，语数英这些课便更不用说。"

行走在西南，颜恺看到了我国脱贫攻坚各项工作的缩影，也对基层脱贫攻坚工作有了更多体会。"保证适龄儿童走进学校、安心学习，为青少年提供好的教育资源，才能让他们真正用知识改变命运、摆脱贫困。"

颜恺开展宣讲

在区委宣传部和街道挂职锻炼期间，颜恺的一项重要工作就是向基层群众宣讲党的政策，他把自己的工作经历和调研思考都化作鲜活素材，细致地"发掘群众兴趣点，寻找宣讲的最大公约数"，面向各界干部群众开展理论宣讲。在宣讲中，颜恺没有一味灌输政策与抽象理论，而是事先下功夫了解当地的社会经济情况和历史文化，紧贴生活选取素材，从身边事切入来调动听众兴趣，再结合政策和理论与大家分享。边干边总结，颜恺将自己在基层组织、参与理论宣讲工作的思考总结成文，其中一篇被选入《当代中国城市习惯法》（中国政法大学出版社，2020年版）。

"动人的细节往往来自真实生活，"颜恺说，"而正是这些细节得以打动人，起到四两拨千斤的效果。"一次脱贫攻坚主题宣讲前，颜恺正好走访过四川省凉山州。当地政府支持贫困户种植销售橙子，恰逢收获季节，凉山的朋友给他寄来两大箱尝鲜。于是颜恺就将橙子直接搬去宣讲现场分给大家。大家吃着脱贫攻坚工作扶持出来的甘甜果实，对成果和政策的感触、体会也就特别深，"也许比千言万语都更能打动人"。

从清华到广阔世界：摆脱"书卷气"，投入新事业

当被问到给学弟学妹们一些职业选择的建议时，颜恺说，要将历练的机会和平台纳入考虑范围，工作后也要基于实际调整状态，始终保持适合自己的工作、生活节奏。

颜恺说，自己是幸运的，能够从事自己热爱的工作，而且得到了家人的支持与鼓励。

颜恺认为，"清华毕业生"的标签对走入工作岗位的同学来说，是机遇也是挑战。"清华"两个字为他带来了更高的期待与要求，也鞭策着他在离开校园之后持续自律、坚持自我提升。"光环"只会闪耀一时，真正耀眼的底色是工作岗位上做出的扎实成绩。

颜恺坦言，自己在基层锻炼时，一开始也会被认为是只会做文字工作的"书生"，他对此不做辩驳，只是埋头苦干。街道抓安全生产工作时，需要把居民屋子里有安全风险的煤气罐搬离，颜恺就跟其他基层同志一起去各家各

户做工作、搬煤气罐；为了了解辖区综治情况，颜恺常在业余时间到派出所一起参与接处警，劝导调解居民纠纷；顶着烈日，他挨家挨户检查群租房，和商户安全措施情况。"沉下心、扑下身、搭上手。长此以往同事们自然就认可了。"

　　工作后，颜恺很少有大块时间可供自由支配，但如果周末有空，他就会花时间去爬山，来一场"说走就走的小旅行"。颜恺经常运动锻炼，而且只要有能够步行的机会就会选择走路，能不坐电梯就尽量不坐。夏天在暴雨中巡河巡堤、深夜查看堤岸时，防汛一线的他和同事们用坚实可靠的肩膀撑起了居民们的甜梦。颜恺说，自己也要做到"为祖国健康工作五十年"！回忆起在清华园的求学岁月，颜恺特别感谢"唐仲英计划"的培养。过去在"唐仲英计划"参加的读书会、公文写作训练，为他能力的锻炼和思想认识的提升奠定了基础。毕业之后，"唐仲英计划"还在颜恺的生活中持续发挥着影响，比如每年"唐仲英计划"年会时，与同在公共服务岗位上的"唐仲英计划"校友的交流，让他得以不断更新知识库并拓宽视野。

　　"到公共服务部门是我一直以来的愿望"，颜恺说，"虽然忙碌，却也看到了更广阔的世界、积累了更丰富的经验，特别是到江苏的3年多时间，接触了许多优秀而又敬业的领导和同事，与他们一起交流、工作也在潜移默化之中让自己得到了很大的成长提高。"

采访 | 马昕　杨逸飞　王伟　郭书宇

撰稿 | 郭书宇　徐亦鸣

潘正道：

扎最深的根，吃最多的苦，做最专的人

人物简介： 潘正道，清华大学环境学院2016届硕士毕业生，清华大学学生领导力"唐仲英计划"三期学员。毕业后被中共河北省委组织部定向招录为选调生。2017年起，先后在河北省生态环境厅水污染防治（生态环境）处、邯郸复兴区乡镇、雄安新区安新县环境监测站工作锻炼。2019—2020年，所在处室获得全省"双十佳"集体称号，本人连续两年获得省生态环境厅优秀共产党员称号。

立足专业，主动创新，做本领过硬的环保人

习近平总书记曾经教导广大科技工作者，要把论文写在祖国的大地上。作为一个环境学院毕业的研究生，自从成为河北选调生的那一刻，潘正道的工作主线就没有离开"环保"这条主线。京津冀协同发展、雄安新区规划建设、北京冬奥会三件大事，都离不开良好生态环境这一关键支点。无论是在省直、县还是乡镇，他始终思考如何发挥专业所长、将7年的专业积累与真刀实枪的污染防治攻坚战结合起来。

入职初期，潘正道被分配到生态环境厅核心业务处室之一的水处。他迅速进入角色，勇挑重担，深度参与"十三五"期间全省水污染防治多项政策制定。"一上手的工作，竟然就是制定全省'十三五'水污染防治的考核办法"，这对于一个连全省整体工作尚没有任何概念的新人来说，是一个不小的考验。特别的困难是：国家出台的考核办法，对于河北这样典型的水资源短缺、南北差异较大的地区，会有"水土不服"的情况。为了让考核办法"能用、管用、好用"，他翻遍了近些年来的历史文件资料，认真请教前辈，耐心与各

市沟通，无数次模拟测算、推倒重来，历时三个月终于建立起一套既体现国家原则，又适合河北省情的科学合理的考核办法，成为不少省份借鉴的范本。"以前当学生，只是会上课、会应付考试；现在要想考别人，才知道'指挥棒'也不是那么容易挥，要挥得稳，更要挥得准。"

潘正道（左一）与环科院专家、同事讨论

在生态环境厅工作期间，潘正道始终围绕"治水"这条主线，先后主笔编写了《河北省地表水环境质量达标情况通报排名和奖惩问责办法（试行）》《白洋淀生态环境综合治理方案》及其考核评价机制等省"两办"重要文件。其中，全省地表水排名办法是全国首创的机制创新，改变了单一用水质绝对好坏做评价、对"先天不足"地区缺乏激励性的现状。编写过程中，他认真梳理国家和各地政策经验，深入调查省情，对400多个河流断面和1700多家重点涉水企业"大数据"认真分析，最终确定了统筹国省市县、跨界断面与重点区域、河湖水质与达标排放的综合指标体系，

《办法》实施一年多，有力推动全省地表水断面达标率显著提升，重点涉水企业达标情况和管理水平显著改善，排名变动能够科学反映各地水污染防治工作的实绩，调动了各地积极性，实现了层层传导治水压力，打通水环境治理的"最后一公里"，得到新华社、河北新闻联播等主流媒体大力宣传报道。

深入基层，扎根调研，做忙碌充实的实践人

入职初期，潘正道曾经主动请缨去张家口坝上地区参与对口扶贫工作，

但因为厅党组的统筹安排考虑，最终还是让他结束乡镇锻炼后暂时回到机关工作。领导勉励他说：脱贫攻坚战需要你，咱污染防治攻坚战也同样需要你。他在自己的日记里，认真记下了领导这句话。

潘正道（左一）在白洋淀调研

"处长经常教导我，人在机关，不等于只埋头机关工作。干咱们（水）这一行，你只有走过见过，才能真干真懂"。"不忘初心、牢记使命"主题教育开展期间，潘正道积极响应厅党组"十个走遍"号召，坚持深入基层、调查一线，接地气、长本领。不到一年时间里，他走遍了全省80余条重要河流，上百个监测点位，遍及一半以上的县（市、区），行程累计超万公里。每到一处，他都详细记录河流现状，了解污染源分布和治理难点，甚至就在河边土坝上现场看图办公、出谋划策。雄安新区成立以来，响应总书记"建设雄安新区，一定要把白洋淀修复好、保护好"的重要指示精神和省委省政府决策部署，主动争取到白洋淀所在的安新县环境监测站工作，为了做好淀区水质监测分析，秋冬季节每天与同事一道冒着刺骨寒风乘冲锋舟入淀，掌握了大量一手资料，协助绘制白洋淀污染态势分布图，构建起"污染现状——影响因子——达标潜力——治理措施"的分析模式；工作和闲暇时间，他转了40多个淀中村、淀边村，指导属地强化农村小型污水站运行，总结出了强化内源治理"八条措施"，成为分类分区、精准管控淀区水污染的重要思路；在一线实践中，他积累了拿得出手的硬实力，成为领导口中"最懂白洋淀的那个小伙子"。2020年，白洋淀水质达到近十年来最好水平，在安新县纯水村里住了30多年的老渔民都夸赞"水从来没有这样好过"，"华北明珠"逐渐重现往昔光彩。

两年多过去，翻开当年请缨去扶贫的日记，潘正道在旁边补上了这样一句感悟：

"在任何工作中，只要把百姓的获得感、幸福感放在第一位，就不会感到被束之高阁的空虚，就一定能找到可以发力的支点。基层不是一个位置，而是一种心态，不是身在，而是心在。"

吃苦耐劳，坚守初心，做真接地气的"河北人"

谈到工作以来最大的感受，潘正道坦言是两个字：辛苦。但他始终认为，年轻就意味着奋斗，而奋斗最重要的就是吃苦。从"名校学子"到"政府科员"，周围环境中不可避免有这样那样的声音，对公共部门的工作状态也会有一些误解。唯一能证明自己价值、支撑自己走得久的，不是曾经的光环和别人的赞美，而是比别人永远多一分的努力。

2020年新冠疫情防控期间，由于管控要求，处室一半成员无法到岗上班，潘正道主动承担起其他人的部分日常工作，身兼数职。为了减少上下班时间，他直接买了一张折叠床，多数时候干脆住在办公室里。"大家都是任劳任怨、无怨无悔，自己的辛苦并不算什么。"他所在的处室，有的人上有老下有小，两头奔忙；有人亲人过世，处理完后就赶紧返回工作岗位，不多耽误一天，而他和同是选调生的爱人，也是数月未见面，各自奋斗在抗疫工作岗位上。在处里同志的共同努力下，坚持对数百家定点医院和隔离点、数千家污水厂实施日调度，先后编写了全省城镇污水厂、医院废水等五个应急监管监测工作指南，为保障疫情不通过污水传播做出了积极贡献。

省直工作拿得起，基层工作蹲得住。在复兴区康庄乡基层挂职锻炼期间，潘正道最初方言不通，在信访大厅接待来访群众"一头雾水"，便利用一切闲暇时间，多与周围人聊天培养语感，利用班子开会的机会，仔细记录乡领导讲述所分包的信访对象的情况，本子每次都是记录得满满当当，对他们的利益诉求和相互关系做到心中有数，经过一个月左右，基本可以与来访人员无障碍交流；主动参与乡村环境综合整治这一全区重点工作，与大家同吃同劳动。在拆除违建中，潘正道连续多天紧盯分包片区的施工作业，皮肤晒成了深度"健康色"，蹲在现场两个馒头一碗大锅菜就是一天；在河道清垃圾时，与武装部长两班倒，坚持后半夜值班，紧跟作业进度；在重大活动期间，两次参与信访执勤，较好地完成了稳控任务。乡里干部群众评价他："以为是来镀镀金，没想到能和大家打成一片"。区领导了解到他是环境专业的，让他到区空气质量保障中心短暂协助工作。本以为就是跟着监测车四处转转，可区领导的工作作风让他着实吃了一惊：每天夜间区领导轮班带队，深入工地企业检查直到凌晨。有时候为了保密行程，后半夜经常是突然被叫起来。"××数据又高了，走，看看去"，有时候司机不在班，潘正道开上小货车拉着主任就走。他笑称："一年下来，进步最大的是车技。"他跟着中心主任到辖区40余家企业和20余家建筑工地深入调研，协助专家组分析数据、研判规律，提出重点管控措施建议，多次帮助区空保中心准确排查到偷排偷放污染企业；针对某钢铁集团的炼焦工艺无组织排放的"老大难"问题，潘正道昼夜在厂区蹲点，还同主任和邀请的专家一起爬上焦炉作业平台，冒着炉膛内千余度高温灼伤危险，研究废气排放问题，合力提出解决思路，初步促成了一项专利治理技术的转化合作。在他离开复兴区之前，区领导诚恳地挽留他，希望他能够延长锻炼一年。他在考察的工作总结中写道：从"庄里人"到"乡里人"，一路走来的风景日新月异，我也为投身其中做出的一点贡献而无比自豪。

谈到"唐仲英计划"的培养，潘正道十分感恩。"还记得收到河北选调录取的通知，第一时间就给耿老师汇报。"时至今日，潘正道依然积极参加"唐仲英计划"的各类线上线下活动，为在校生分享工作心得。毕业后，和"唐仲英计划"的联系不是更少，反而是更多了。"组织的关爱，让我们不论面临什么选择，都能有底线、有底气、有底色。'唐仲英计划'给了我们方向，也给了我们路径；给了干粮，也给了猎枪。"

撰稿｜潘正道

潘朝强：

秉正道前行，凭良心做事

人物简介： 潘朝强，清华大学公共管理学院2015届硕士研究生，清华大学学生领导力"唐仲英计划"三期学员，毕业后前往福建省福州市工作，现担任福州市人才发展集团党委委员、副总经理。

深入基层第一线，遍访群众，解决最为琐碎的民生问题；勇敢接受新挑战，务实求真，提供最为周到的人才服务……

潘朝强，一位在福州扎根的湖北汉子，坚持着在清华园里树立的公共服务初心，在越来越大的舞台上，怀揣着正直与真诚，迎接着一个个新的挑战。

志存高远，知行合一

从湖北黄冈来到清华园，2009年夏天，潘朝强开始了他的大学生活。在人文学院，他在众多名师大家的引领熏陶下，潜心钻研历史，体验人文日新的魅力；出于兴趣，他不忘继续充实自己，攻读法学第二学位，探索致知明理的道路。入学之初，他所在的2009级本科生就遇上了新中国成立90周年阅兵仪式，经过"八天七夜"的紧急训练，他作为"毛泽东思想"标语方阵中的一员参加群众游行，这段经历给他留下了难忘的印象。本科期间，恰逢百年校庆，清华园厚重的人文精神和浓烈的家国情怀让他深受感染，他逐渐萌生了将个人理想根植于民族前途的初心。本科阶段，他积极参加各类学生活动，曾担任清华大学学生"三农"学会会长、人文学院学生会外联部部长、校团委社团部项目组组长，参与组织各类社会实践、志愿公益活动。双学位的课程学习、丰富的社会工作经历使他在本科期间成长迅速。

2013年8月，潘朝强遵从内心的指引，进入清华大学公共管理学院攻读公共管理硕士，师从孟庆国教授，开始在他感兴趣的"三农"问题、城镇化、信息化等领域开展研究，学习公共政策的制定、公共管理的理念，践行"明德为公"的精神。研究生阶段，他也从未降低过对自己的要求，勤学奋进，以专业排名第四的优秀成绩毕业。

在清华学习期间，他逐渐明确了将公共服务工作作为一生志业的理想。研究生阶段，潘朝强曾在学院和学校学生组织先后担任清华大学公共管理学院研究生会主席、博士生实践服务团副团长、校研究生团委志愿服务团团长、清华大学紫荆志愿者总队副总队长等职务，组织开展各类志愿服务、社会实践，从未停止过为学校师生服务的步伐。2013年，他加入了清华大学学生领导力"唐仲英计划"，成为"唐仲英计划"三期的学员。他立志未来要投身于公共部门，初心的种子就此深埋他的心间。

潘朝强对于在校时的各项实践活动依然记忆犹新。在学校和学院的积极支持下，他参加国情调研和社会实践的步伐遍布北京、河北、山东、上海、福建、广东等地，调研的课题既有地方产业发展、"三农"问题，也有政府职能优化、非公党建、地方选调生发展等。

"我觉得大家要充分利用学校提供的难得机会，多走出学校去参加社会实践，用脚步去丈量脚下这片土地，结合实际案例做深入的思考和分析。虽然学生阶段的分析不见得很全面很正确，但这个过程可以引导大家真正关心国计民生，锻炼大家对社会问题进行深层次思考，培养自己对公共事务的兴趣，磨砺处理公共事务的基本素质。"

2014年暑期，在福州市仓山区挂职任乡镇镇长助理的经历让他对福建有了良好的印象。秉持从事公共服务的初心，毕业后潘朝强选择成为一名福建引进生，跨越两千公里来到八闽大地的基层扎根成长。

真诚沟通，为民服务

2015年7月，潘朝强担任福建省福州市永泰县葛岭镇政府主任科员、科技副镇长。他所在的乡镇是永泰县项目建设重点区域，各项工作任务十分繁重，主要领导也有意压压担子，让他在基层迅速成长。

"在学校期间，学生工作和社会实践对我的锻炼很大。但我所学习的关于公共管理的研究比较宏观、比较偏理论，真正下到基层的时候，才深入接触到更加具体的社会问题、民生问题，促使我积极向身边的干部和群众学习，掌握基层工作的方式方法。"

"上面千条线，下面一根针"。永泰是福州的后花园，经济发展和生态建设是发展重点。乡镇招商引资、幸福家园建设、生态环境保护……各项工作的第一线都有潘朝强的身影。

征地拆迁一直是基层工作中不容忽视的一大课题，潘朝强也积累了一些心得。

"习近平总书记指出，年轻干部要提高七种能力，其中就包括群众工作能力、调查研究能力。做好征地拆迁工作，首先要注重调查研究，要针对不同的利益主体先期做深入的调研，了解群众、业主方、村干部的主要诉求和顾虑，有针对性地制定宣传动员措施、矛盾化解预案。"

潘朝强（左一）为葛岭镇贫困户送百香果幼苗

在乡镇工作期间，潘朝强曾碰到过一次拆迁难题。一户村民自认为宅基地位置好、社会关系硬，要求更高的补偿，迟迟不答应拆迁，阻碍了项目建设。潘朝强挂钩这个项目后，争取领导支持，选派了一位群众威望高的干部担任包村工作队长，带着包村工作队先是深入群众家中聊天拉家常，了解群众的家庭情况、主要困难，逐步与群众建立信任。接着，从外围入手，规范征地拆迁项目的宣传、公示等环节，逐步让村民相信征地拆迁政策的公平、公正、公开，没有操作空间可言。最后包村工作队和村干部多管齐下，动之以情、晓之以理，最终让这户群众同意拆迁，顺利推进了项目建设。

在学校时，他服务同学、奉献集体，历练颇丰、硕果累累；走向社会，他扎根基层、不畏艰苦，真诚沟通、为民服务。这是青春的无悔誓言，也是他为人民服务的开篇序曲。

勇挑重担，奋发有为

2017年10月，潘朝强调入市政府办公厅工作，先后担任立法处和政策法规处主任科员，主要开展立法、文件合法性审核，参与了市里一系列重大项目的前期论证和谈判工作。

在立法处工作期间，潘朝强主要参与了《福州市烟花爆竹燃放管理办法》《福州市户外广告管理办法》《福州市城市内河管理办法》等地方性法规、规章的制定工作。"市级层面的立法工作，跟我们法学专业学生理解的立法工作其实相差还是比较大的。在校期间学习的立法知识，主要是宏观层面的立法理念；但到了地市层面，更多的是与城乡建设与管理、环境保护、历史文化保护等方面息息相关，也更加切身体会到了立法理念、立法技术对群众权益、立法质量的影响。"

比如，关于烟花爆竹燃放管理，从传统习俗来说，燃放烟花爆竹是老百姓根深蒂固的习俗，但从环境保护和文明城市建设来看，禁燃禁放又是大势所趋。又比如，关于内河管理，不仅涉及城乡规划、园林绿化、水利、生态环境、城市管理、交通运输等多个主管部门，还涉及沿河的企业、居民的切身利益，都需要理清头绪，在坚持立法目标的基础上，兼顾各方诉求，理顺管理机制。

潘朝强将他的工作分为三个阶段：首先是根据立法目标，研究制定相关法规、规章和规范性文件的依据，明确基本思路，第二步是了解以往做法、借鉴其他城市经验，形成初步文本；第三步则是结合福州具体情况，征集广大群众、企事业单位、政协、人大等社会意见，协商讨论、兼收并蓄，寻找能让各方都基本满意的"最大公约数"。

两年的机关工作磨炼，让潘朝强在法制工作岗位上敢于勇挑重担，用踏实与勤奋将自己的理想一点一滴变成现实。

求贤引才，务实求真

作为一座拥有着多区叠加政策优势的省会城市，福州正沿着习近平总书记在福州工作期间擘画的蓝图迅速发展，城市在人才方面的需求缺口日益增加。面对日趋激烈的人才争夺战，2019年年初，福州市委、市政府决定成立市属国企福州市人才发展集团，探索以企业化经营、市场化服务的形式开展人才引进、人才服务工作。

国有企业开展人力资源业务，以企业形式引进人才、服务人才，放眼全国都是一项全新的探索。2019年7月，潘朝强欣然接受了组织交给他的挑战，转岗至福州市人才发展集团任党委委员、副总经理。事非经过不知难，在新的发展阶段，只有不断学习新理念、培养新的思维能力，才能挑战自我、攻坚克难。回忆起集团从创业初期6名班子成员的"草台班子"到如今拥有3家子公司、120多名员工的发展历程，潘朝强充满感慨。

从政府到企业的身份转换并不容易。"在国企工作，首先得树立经营理念，既要充分利用好市委、市政府给的平台和政策迅速发展壮大，又要面向市场，提升业务能力，实现集团做大做强；在福州人才集团这样一家特殊的国企工作，更要时刻围绕福州市经济社会发展的人才需要，结合产业需求引进人才，做好人才落地后的一系列服务工作。"

在福州人才集团，潘朝强既分管集团综合办公室等日常事务，也负责人才公共服务、人才公寓运营管理、滨海新城留学人员创业园运营管理等工作，还承担着部分经营业绩压力。在市委组织部指导下，他们大力开展人才引进，每年到清华、北大等知名高校举办"向幸福之城出发"校园引才活动，举办

"榕博汇"——人才对接会，服务企事业单位线上线下开展人才招聘专场活动；积极优化人才服务，运营管理福州市1000余套酒店式人才公寓，为落地人才提供"一趟不用跑"式的代办服务，开展"来榕第一眼"人才政策宣传，还积极推动引进台湾人才、海外人才，打造"台胞台企登陆第一家园"。

人才工作需要热情真诚的服务。我们既要深入了解产业发展现状，时刻思考如何帮助企事业单位引才；也要时刻想着如何优化人才服务体系，擦亮人才引进的金字招牌，为有福之州的建设广聚天下英才。求贤引才，务实求真，潘朝强也正为这一意义非凡的事业继续奋斗。

回首毕业六年来的工作历程，潘朝强越发感受到清华园六年对他精神上的滋养。回望来路，他认为，"我们还是要秉持自己的初心，工作久了，走得远了，初心不变，我们的信仰才会越坚定，格局才会越宏大，工作才会越扎实，我们跟群众老百姓的血肉感情才会更密切"。秉持理想与信念，潘朝强走出了一条属于自己的追梦之路。他愿青年学子以梦为马，不负韶华，秉持正道，勇敢前行。

潘朝强（右一）参与数字中国建设峰会筹备工作

采访 | 雷逸飞　龚怿焜　刘若阳　周宸宇

撰稿 | 刘若阳　王仕韬

鞠　萍：

勇敢似火，纯粹如歌，立警为公，执法为民

人物简介：鞠萍，清华大学法学院2015届硕士毕业生，清华大学学生领导力"唐仲英计划"三期学员。2015年毕业后前往中华人民共和国公安部工作，其间曾在河南洛阳街道派出所锻炼。

她曾是清华园里意气风发的追梦人，热情爽朗，自在徜徉；她也是一位博爱善良的"辅导员"姐姐，用纯粹的心去感受世界，温暖他人。

她曾在基层一线冲锋陷阵，直面各种危险复杂的案件，抓捕犯罪嫌疑人，服务来访群众；也曾在公安队伍管理改革的最前沿，亲历改革攻坚栉风沐雨、披荆斩棘的岁月，一往无前。

离开清华校园，投身公安事业，五年多的时间里，从基层派出所，到公安部机关，她忠于职守、忘我工作，用奋斗写下追梦人的足迹；她勇敢似火、纯粹如歌，用初心照亮藏蓝色的青春。

迎难克险，基层一线成就铿锵玫瑰

2015年，鞠萍成为一名公安部选调生后，来到河南洛阳的街道派出所学习锻炼。派出所相当于公安系统的"神经末梢"，"什么工作都要管"，鞠萍每天都要接待报案人、上访群众，处理各种复杂特殊的基层事情，也直面各种充满危险的案件。

"经常会通宵办案、审讯"，鞠萍说，"基层办案期间，连轴转24小时、36小时都是家常便饭。"

在一次抓捕吸毒人员的专项行动中，鞠萍经过化装，在同事们的掩护下，深夜赶赴与嫌疑人的"约会"。只身一人前去与嫌疑人相会，虽然知道同事们

就在不远处，可是不知道对方的相貌、品性，也不知道将发生怎样的突发状况，鞠萍的内心充满了害怕与忧虑，但作为一名人民警察，她仍然义不容辞地执行任务。鞠萍说：

"这次行动就像我们在电视剧里看到的场景，不同的是，我面临的惊心动魄不是剧情，我们面对的嫌疑人不是演员。"行动非常顺利，鞠萍也很激动，当同事告诉她嫌疑人当天随身携带管制刀具时，鞠萍才感到心有余悸，"这次抓捕虽然有些危险，但是很有价值。"鞠萍说，"吸毒人员失控漏管是危害社会治安稳定的源头性问题之一，当时河南省公安厅部署了吸毒人员大收戒行动，通过排查发现吸毒人员，压缩发案数，提高破案率，甚至破获毒品犯罪，能够有效维护社会治安稳定。"

鞠萍（右一）在街道派出所锻炼

除了直面吸毒人员斗智斗勇，鞠萍还参与过入室抢劫案犯人的抓捕，与同事一同搜索抓捕三名犯罪嫌疑人；也曾在漫天飞雪的高速路上"飙车"千里带回犯罪嫌疑人，"当时的车速已经超过150km/h"，鞠萍说，"尽管风雪载途、危机四伏，但我们不能错过任何一次机会，所以每次追击都要用尽全力。"

真诚友爱，点点滴滴见证赤子之心

侦办案件的过程中，鞠萍见到过很多年龄不大的犯罪嫌疑人，有的刚刚成年就被判了十几年的刑期。鞠萍说："家庭、学校、社会教育的缺失，或是青年人年少轻狂、不知天高地厚的冲动特点，无不是酿成这些令人扼腕痛惜的悲剧的原因。"在清华担任带班助理的经历，培养了鞠萍主动关心身边青年人的习惯，面对失足青年，她也像对待自己的学生一般耐心劝导。在一次侦破组织未成年人卖淫的案件中，鞠萍跟十几岁的女孩儿谈了两个多小时的心，"回到学校去""人生路还很长""走上正轨""未来是值得期待的"……这些苦口婆心的话被鞠萍翻来覆去地说，"能挽救一个是一个"，即使是抓捕对象，鞠萍也怀着真心和关爱与其对话。

在公安部机关工作中，鞠萍也抱着一颗真心来化解他人心中的郁结，用温情去化解矛盾。有一次，鞠萍收到一名刚从警校毕业的新警来信，他认为招录过程存在违规操作。收到举报信后，鞠萍根据领导批示迅速核实情况，调取用人单位招录过程、岗位分配原始数据，求证真实情况，一系列的调查显示确无违规操作。鞠萍特地给这位来信的新警打了很久的电话，客观反馈办理情况，并且感谢他的监督，鼓励他不要有心理负担，放下包袱踏实工作。挂了电话，鞠萍特别开心，感到自己的工作充满意义，"作为一名政工干部，为每一位民警坚守公平正义，让他们无后顾之忧地去捍卫社会的公平正义"。

鞠萍"班主任"般的耐心与关怀，凸显在工作的各个环节。"每年组织公安院校毕业生考试报名时，总有个别学生因为在外执行任务，或者没注意报名时间而错过报名"，鞠萍说，自己本可以"按政策告知之后，责任自负"，但一想到"这些孩子十年寒窗、四年苦读，父母供养不易，这次考试关系到每个人、每个家庭的切身利益"，鞠萍的责任感便油然而生，"不能不管他们"。为此，鞠萍开启了"保姆式就业服务"模式，在报名期间每天关注报名数据，"就要看看到底多少人没报名、是谁没报"，然后挨个通知，因为"一旦报名结束了，就没有办法了"。

细致入微的"保姆式就业服务"要投入大量精力，但鞠萍乐在其中，"每年考试季我都很兴奋，经常深夜、凌晨才下班，只是自己累一点，就能多帮助一些人，多解决一些问题，是很值得的"。

求真务实，改革一线历练专业素养

参与公安队伍建设制度体系顶层设计是鞠萍的工作内容之一，亲历公安机关人民警察职级序列改革、招录培养制度改革，参与修订《人民警察法》《公安机关组织管理条例》《公安机关人民警察内务条令》等法律法规规章，鞠萍说："最值得骄傲的是，能够参与多项由习近平总书记亲自审定的公安改革任务。最幸运的是，我所在的单位是一个充满斗志、不畏艰难、奋发有为的集体，我们处多次立功受奖，2019年荣立集体一等功。"

无论是参与法律法规规章的修订，还是研究制定改革政策，鞠萍说，感受最深的是公安机关求真务实、精益求精的工作作风。政策制定中，从领导到同事，对政策文稿一字一句打磨，逐条逐款论证，甚至对一些重点和难题还会进行激烈"争论"。这种较真的劲头、民主的氛围，正是法规政策高质量出台的可靠保证，也让鞠萍在一部部政策法规的制定工作中提升了能力素质、增强了工作作风。

鞠萍还承担了人民警察警衔评授工作，鞠萍表示在这项工作中，一方面要对政策全面掌握、熟练运用，另一方面也要善于解决"疑难杂症"，做好政策解释。当然，这项工作涉及广大民警的切身利益，也有许多事务性、琐碎的内容，非常考验自己的细心、耐心。

作为一个法学毕业生，鞠萍立足专业，秉承最朴素最基本的法学原则，去守护公平公正。

修身齐家，忠诚奉献谱写青春华章

不管是早期的基层挂职锻炼，还是目前的国家机关工作，鞠萍的工作都很繁忙，十分考验她的时间规划和统筹能力。2020年下半年起，鞠萍又参与到配合中央巡视的工作中，"每天都是早上6点多出门，夜里11点回家，出门的时候孩子没醒，回家的时候早就熟睡，虽然每天都回家，但是孩子一直见不到我，周末基本也没有休息"。当时父母在家帮忙照顾，有时发来孩子玩耍的画面，鞠萍看到后，不知怎的"突然就默默哭了"。

家人的理解与支持让鞠萍既感动又心安，"我爸大年初七一早送我去上班，我下车之后他在我身后喊了一句'上班第一天要高高兴兴的！'"，鞠萍说，多么朴实的一句话，就能带来莫大的温暖。无论晚上几点下班，爸爸都会在单位门口守候，让鞠萍减少通勤时间，养足精神面对工作。

2015年鞠萍的母亲查出患有比较严重的血液病，2020年6月因为病情加剧，医生通知鞠萍为母亲做了配型，为骨髓移植做准备。对母亲身体的忧虑使她很多时候心思难以集中，但父母一直鼓励鞠萍，经常劝慰她说："爸妈身体没问题，看孩子不觉得辛苦，你责任重大，一定要好好工作。"

鞠萍说，她能够一直坚持高强度工作，既是对工作的满腔热爱，也得益于全家人对她的全力支持。"我老公经常鼓励我，他觉得我的工作非常崇高，"鞠萍说，"我和老公都很忙，父母公婆帮助照顾孩子，打理家务，让我们轻装上阵。"鞠萍感恩家人们，愿做她的温暖后盾，为她消除后顾之忧，让自己能够专心致志工作，"舍小家、为大家"。

2021年已是鞠萍投身公安事业的第六个年头，时间流逝，初心未改。从前那个想当兵"为祖国扛枪"的女孩坚定投身公安事业，在本职工作中为守护国家安全和社会稳定奉献力量。鞠萍经常提道："习近平总书记说，和平时期，公安队伍是牺牲最多、奉献最大的一支队伍。我为能够成为一名人民警察感到无上光荣。"勇敢似火、纯粹如歌，正是对鞠萍的赤诚之心最好的写照。

采访 | 郭栩　柏卓彤　邓双繁　庞雅然　朱淑媛

撰稿 | 邓双繁　徐亦鸣

魏宇杰：

打赢脱贫攻坚战，坚定不移守边疆

人物简介：魏宇杰，清华大学自动化系2014届博士毕业生，清华大学学生领导力"唐仲英计划"一期学员，毕业后前往新疆生产建设兵团工作，现担任新疆生产建设兵团第三师五十一团党委副书记、团长。

是个人志趣，更是时代召唤

集山水林草沙风光于一体，屯垦文化、汉唐文化和西域文化在图木舒克巧妙融合。这里，是潜力无限的生态福地，是底蕴深厚的文化高地，更是维稳戍边的战略棋眼、"一带一路"的重要节点、民族团结的示范之城。

2002年9月，经国务院批复，图木舒克成为新疆维吾尔自治区直辖县级市，与新疆生产建设兵团第三师共同实行"师市合一"管理体制，由新疆生产建设兵团管理。成立于1966年1月的第三师，承载起继往开来的历史使命。

第三师五十一团，地处塔克拉玛干大沙漠西部边缘，叶尔羌河下游、喀什噶尔河沿岸冲积平原之上。来自昆仑山的雪水，流经小海子水库，浇灌着这片重盐碱土地。

2018年11月，魏宇杰调任五十一团。他看到自1969年10月起，无数前辈凭着顽强意志和冲天干劲开垦建设的良田与基础设施，深深为之感动；而他，也面临着"三区三州"深度贫困区脱贫攻坚任务的巨大挑战。

2019年底，五十一团实现贫困团场摘帽、贫困连队退出、贫困人口脱贫，五十一团于2021年荣获"全国脱贫攻坚先进集体"。一路走来，他始终没有忘记自己最初选择投身"大西北"时，清华教会他的那句话——"到祖国最需要的地方去"。

魏宇杰的大学时光，有着丰富的学生工作经历。研究生时期，他担任院系的团委书记、学生组组长，迅速提升了自身政治理论素养和组织协调能力。

"定目标、定计划、抓特色、抓亮点、抓全局、促协调"，实践经验的积累，一方面使魏宇杰"喜欢做组织工作，喜欢做党建工作"，一方面也使他逐步总结出适合自己的工作方法，为日后基层工作打下了良好的基础。

博士毕业后，魏宇杰作为青年教师留校，从事的仍然是组织工作，后又调往乌鲁木齐经济开发区（头屯河区）委组织部和新疆生产建设兵团党委组织部。

魏宇杰（左三）与同事们合影

面对艰巨任务，不畏难不畏险

五十一团是兵团最大的少数民族聚居团场，是南疆人口最多的团场，共5.2万人，93%以上为少数民族；同时，它也是兵团中最大的深度贫困团场，2018年9月，全团建档立卡贫困户共有1276户5389人，占全兵团贫困人口约40%，贫困发生率11%。

贫困户要达到"两不愁三保障"——吃不愁、穿不愁，基本医疗有保障、义务教育有保障、住房安全有保障。因此，脱贫工作的第一项，就是"把大家的收入弄上去"。

"2019年时的脱贫标准是人均年收入3700元，我们的目标是4000元以上。"因此，提出了"稳定增收五步走"策略：第一步，转移就业谋在前，让贫困户稳定就业持续增收，做好政策匹配、教育培训、管理服务；第二步，产业发展唱主角，紧紧围绕现代农牧业全产业链，大力开展招商引资，增加就业岗位，打造乳品加工全产业链、红柳烤肉和鲜果产加销全产业链；第三步，生态护林补短板，为残疾人、慢性病患者和难转移就业的贫困户提供护林员和保洁员等公益性岗位；第四步，社会保障兜好底，让困难家庭感受到党的温暖，为各类弱势群体给予相应救助；第五步，抓好党建促脱贫，让贫困户争当脱贫致富标兵，强化感恩教育、文化扶贫和基层组织体系建设。

"两不愁"要靠增收来解决，而房屋建设，则需要大量时间。魏宇杰回忆，当时任务量最大的，就是"盖房子"。

"当时住的房子都是破破烂烂的，不光是贫困户，也包括非贫困户。我们开展了连队居住区综合整治，要实现'五通七有'。"2019年年底之前，五十一团实现新建平房6403套，拆除危旧房近1万套，同时完善基础设施建设，通水电、通广播、通道路，集体经济、集体产业也建设起来了，连队阵地、文化活动场地也配套完善。

魏宇杰（左一）走访农户

一力担当，奉献青春力量

起草文件，示范执行，遇到新的领域就主动学习，学会了，再带领干部们一起干，团场拧成了一股绳，干劲冲天，贫困群众对早日脱贫也有了更加充足的信心。

2018年春季，驻五十一团四连"访惠聚"工作队争取到资金30万元，修建了4座科技示范冷棚，免费交给连队种植能手米尔阿里木·木沙发展瓜菜种植，全年收入超过4万元。住在其对门的贫困户依马木·哈力克，亲眼看见种植大棚蔬菜带来的可观收入，也萌生了种菜致富的念头。于是，工作队和连队党支部想办法争取资金给他建了一座1亩的冷棚，让依马木·哈力克一家实现了从"等靠要"到"想挣钱无门路"，再到"想门路、想出路主动致富"的转变。

2019年年底，兵团脱贫目标实现，五十一团取得了这一来之不易的阶段性成果。

在他人眼中，魏宇杰与其他广大基层党员干部夙夜在公、担当奉献的身影，令人动容。

是的，为群众谋幸福，为地区发展和中华民族伟大复兴贡献青春力量，是魏宇杰的愿望与担当。

"想要去公共部门的同学，还是要到祖国最需要的地方去，做一个对社会有用的人。要对自己的能力有一个综合的评价，而后一旦下定决心，就要坚定不移。"魏宇杰说。

采访 | 马鹏　王瑜琪　江小琳

撰稿 | 黄思南　江小琳

访谈小记：

因材施教育栋梁，笃志强基报家国

一代人有一代人的长征，一代人有一代人的担当。"唐仲英计划"的毕业学员始终坚持奋斗在政治、经济、民生的各条战线上，他们坚持"钉钉子"，他们敢啃"硬骨头"，他们甘为"孺子牛"，善始善终，善作善成，实实在在地做到了让理想信念在创业奋斗中升华，让青春在创新创造中闪光，身体力行地书写着当代清华人的情怀与担当。

深入基层办实事　帮扶情暖群众心

除去高等学府光环，抛开都市霓虹闪烁，扑向戈壁浅滩、山野田埂，无数从"唐仲英计划"走出的清华人，一头扎进基层一线，成为群众依靠、信赖的"好同志"。

一期学员、2013年宁夏选调生周浩扎根西北，"要做沙漠中盛开的马兰花"；一期学员、2014年宁夏选调生马鹏斐创新思路，开发"分房软件"，巧妙增强公信力；一期学员、2017年河北选调生刘静琨不怕苦、不怕累，主动要求"到难点村去，练成一等一的本事"；二期学员、2014年西藏引进生杨硕帆克服心慌气短的高原反应，学思践悟、苦练本领。

行胜于言的"唐仲英计划"毕业学员们，也积极助推城市基层治理"新合力"，联系千家万户，情系百姓民生。

三期学员、2015年前往公安部工作的鞠萍曾直面犯罪分子与其斗智斗勇，也曾为带回嫌疑人在漫天飞雪的高速公路行驶千里；三期学员、2015年重庆选调生马攀，既能与热心的"老嬢嬢"们办活动、唠家常，又能作为优秀"笔杆子"参与重要规划文件起草，更见证重庆最后四个贫困县脱贫的历史时刻。

"心里装群众、脑中有宏图、手中有方法，脚下接地气"，毕业学员们怀着对一方土地的诚挚感情，以心换心，实事求是，建设美丽乡村，服务群众福祉。

多学多思出精品　砥砺前行转作风

埋头苦干、担责于身。"唐仲英计划"的学员们也活跃在各地机关单位重要岗位上。

一期学员、2014年福建引进生杜玉梅带着"不怕'冷板凳'，把'冷板凳'坐热"的决心，从跟班学习到协管工作，再到独当一面，建成创新创业孵化器与聚集体；三期学员何鲁桂三年间在广西参与起草正式公文350余篇，助力推进法治建设、完善体制机制、优化人才政策；三期学员、2016年河北选调生潘正道深入参与"十三五"期间全省水污染防治多项政策制定，参与机制创新；三期学员、2015年福建引进生潘朝强不畏艰苦，真诚沟通，乡镇招商引资、幸福家园建设、生态环境保护第一线都有他的身影。

"多学多思多总结，沉心静气待机遇；点面铺开切莫急，把握重点创新绩。"从学生到公务员，毕业学员们变成了问题的解决者和祖国的建设者，他们主动学习、把握政策、深入调研、精进业务，在实干中严正作风，不断推陈出新，认真做好本职工作，加快地方崛起。

技术创新促活力　产业发展强赋能

产业园区对于聚集创新资源、培育新兴产业、推动城市化建设具有重要意义。高新区、开发区、科技园、工业园、产业基地、特色园区在全国各地不断涌现，强国新征程之中，"唐仲英计划"的毕业学员们也默默奉献着自己的一份力量。

三期学员、2014年四川选调生谈梦泽，驻村两年后来到简阳市临空经济产业园、成都大凉山农特产品加工贸易园，誓要助力脱贫攻坚"后半篇"。曾经，他写下三本厚厚的驻村日记，如今，书案旁书籍文件堆成小丘，岗位变了，使命职责却从未改变。一期学员沈若萌，在北京市门头沟区龙泉镇挂职一年半后选择留任，她常常会想象门头沟的未来——"青山绿水之中，高净值产业星罗棋布，就像串珠项链一样熠熠生辉。"

凭着敢为人先的魄力和滴水穿石的韧劲，毕业学员们牢记创新发展理念，抢抓新一轮科技革命和产业变革的历史机遇，从"生力军"成长为"顶梁柱"，为所在地区经济的高质量发展注入无限活力。

扎根人民初心恒　奉献国家不畏难

2020年初，新冠疫情席卷全国，"唐仲英计划"的毕业学员们冲在抗疫前线，以实际行动展现担当。

一期学员、2017年河北选调生刘帅，带领年轻干部夜以继日校对信息，妻子身体不适也未能到场看护；四期学员、2017年前往武汉工作的贾乾乾放弃产假，返回东湖高新区佛祖岭街道办事处的工作岗位共同抗疫；五期学员、2017年江苏选调生颜恺，与14名同事日夜守卫3.5万人的社区，坦言"天天都像紧急考试"；六期学员、2019年湖北引进生李尔斯以疫情为令，春节假期未满即第一时间从湖南老家自驾返回武汉战疫一线；七期学员、2019年重庆选调生姜鹏推迟婚礼，大年初一从江苏老家"千里奔袭"一夜返岗。

2020年4月，国务院新闻办公室发布《人类减贫的中国实践》白皮书，全景式反映中国减贫事业发展成就，作为中国农村的又一次伟大革命，脱贫攻坚战深刻改变我国贫困地区的落后面貌。回望历程，万千扶贫一线战友中，亦有毕业学员们的身影。

一期学员、2015年到新疆工作的魏宇杰临危受命，仅用一年时间便帮助新疆生产建设兵团第三师五十一团摘掉了贫困"帽子"，重焕生机活力，所在单位获评"全国脱贫攻坚先进集体"；五期学员、2016年广东选调生何海程主动申请前往清远英德九龙镇宝溪村，修公路、整农田、建水利、争取公益基金，两年间，宝溪村成为当地党建示范村和美丽乡村典型；六期学员、2018年云南引进生和云娟，这位怀着回馈家乡愿望回到那片云之南处、碧水青天的纳西族姑娘，助力实现土地亩产值"千元田"到"万元田"的转变；六期学员、2018年去到山东工作的刘广银曾是莒南县洙边镇乡村振兴服务队的一员，为改变当地茶园分散粗放管理现状，他逐村做工作，终使合作社顺利成立，集体经济实现形式得以创新；四期学员、2017年前往交通运输部工作的赵煜民，两年间带领村民将高原"天路"修入吾依村雪依寨，通过发展高原蔬菜让集体经济收入增长五倍，他也被表彰为"全国脱贫攻坚先进个人"。

从贫困人口的收入和福利水平大幅提高，到教育、医疗、住房、饮水等条件明显改善，再到为乡村走向振兴做好铺垫，身在一方，便守土尽责，参加"唐仲英计划"的学员们对基层的爱炽热而深沉。

计划培育常怀念　筑梦步履永不停

一期学员、2014年贵州选调生吕志强说，自己最大的幸运就是"在园子里找到了人生的道路"。三期学员、2016年宁夏选调生金鹏剑怀着改变家乡的愿望考入清华，而在"唐仲英计划"受到的培养，赋予了他"经世济民的情怀和努力为之的勇气"。三期学员、2015年四川选调生王义鹏还记得那一年在唐仲英先生家中的汇报，85岁高龄的唐老坐在轮椅上，腿上搭着一条蓝色的毛毯，尽管身体欠佳，却始终温和地注视着同学们，认真地倾听每个人的讲述，或微微点头或会心一笑，表达着肯定和鼓励。四期学员、2015年四川选调生龚玉斌深感，"毕业后也还一直怀念这个平台"，志同道合的"战友们"，使他在奔赴基层的道路上并不孤单。

如今，通过"唐仲英计划"校友访谈活动，在校学员也得以与毕业学员进一步深入交流。前辈的一言一行，体现出将自我价值和国家发展、民族复兴相结合，与人民同向而行、与祖国同频共振的决然，使学员们投身公共服务的理想信念更加坚定。十期学员、法学院博士生王伟用三个"追求"总结他的思考："要以坚定的政治追求明确人生之路方向，以崇高的价值追求筑牢至诚至善本心，以奋发的职业追求担当神圣时代使命。"

"筑梦人的步履不停"，2021年，是中国共产党成立100周年，是清华大学建校110周年，也是"唐仲英计划"启动10周年。习近平总书记寄语青年，要"同人民一道拼搏、同祖国一道前进，服务人民、奉献祖国"。站在新的历史方位上，"唐仲英计划"将坚持引导学员立大志、入主流、上大舞台、干大事业。因材施教育栋梁，笃志强基报家国，"让青春之花绽放在祖国最需要的地方，在实现中国梦的伟大实践中书写别样精彩的人生"。

相信，在广阔的祖国大地之上，这一颗颗"可靠的螺丝钉"必定大有可为，也必将大有作为。